GENJIN
ブックレット
50

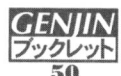

いま世界で何が起きているのか

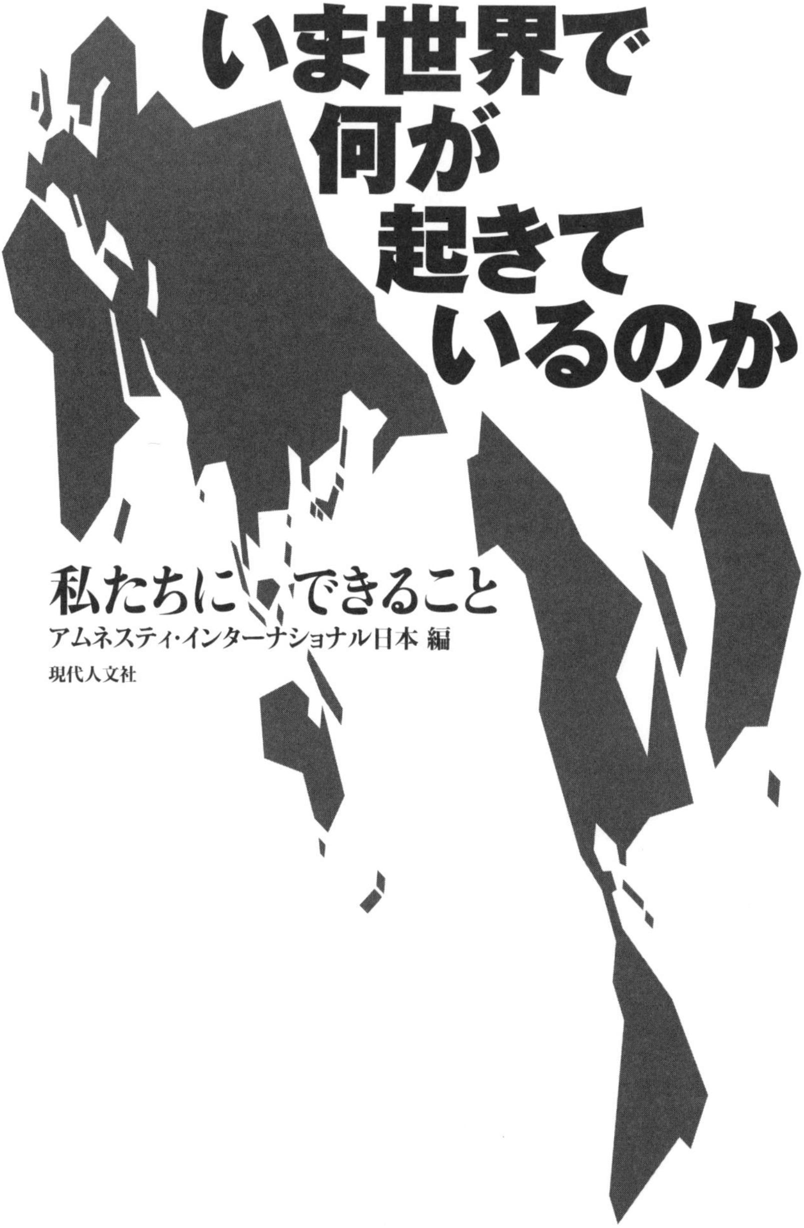

私たちにできること

アムネスティ・インターナショナル日本 編

現代人文社

はじめに

　いま、この瞬間にも、世界中の国や地域で紛争やその他の暴力に人びとがさらされています。それは二国間や多国間の戦争のみでなく、独立をめぐる内戦、軍事政権に対する抵抗、少数民族への弾圧、民族間の対立など、さまざまな背景の中で起こっています。そうした暴力の中では武器を持たない一般市民が圧倒的に犠牲になっているといわれており、無辜の人びとに対する人権侵害の事実究明や裁きは、残念ながら不十分なままです。

　女性への戦時性暴力を含む紛争下における暴力は、アムネスティ・インターナショナルにとって非常に重要な課題のひとつです。私たちは一貫して、たとえ紛争下にあっても守るべきルールがあると訴え続け、加害者に対する公正な裁きと被害者に対する救済を求め続けてきました。2002年に設立された国際刑事裁判所（ICC）は、ジェノサイド（集団殺戮）、戦争犯罪、人道に対する罪という、国際法で最も深刻といわれる犯罪を裁き、人権侵害の加害者が誰も処罰されないという「不処罰の連鎖」を絶とうとする重要な一歩だと、私たちは考えています。

　しかし、4年前にニューヨークで起きた9・11同時多発爆破攻撃以降、国際社会のこうした取組みや前進を後戻りさせようという動きがあります。たとえばアメリカは、国際刑事裁判所をめぐる国際的な協調を拒否し、国際刑事裁判所を批判し、むしろ妨害するというような行動に出ています。そして2003年3月、イラク戦争に突入しました。また現在、「テロとの戦い」という名の下に、世界各国でこれまで築いてきた国際的な人権の基準、あるいは法を無視するといった行為が公然と行なわれるようになってきています。また「テロを防止する」という名目で、特定の国、民族、文化、宗教を持った人びとに対する差別と排外政策が進められようとしています。

2005年9月3日、アムネスティ・インターナショナル日本は「紛争下の暴力をどう裁くのか～未来に向けての新しい国際ルール～」と題してシンポジウムを開催しました。シンポジウムでは、国際刑事裁判所、9・11、そして市民社会といったものをキーワードに、紛争下の暴力をどう裁くのか、暴力の被害者は何を求めているのか、私たち一般市民がその中でどういった役割を担うべきなのか、担えるのか、といったテーマをさまざまな角度から討論しました。本ブックレットはその記録集です。

　シンポジウムでは基調講演の最上敏樹さん、パネリストの伊藤千尋さん、西野瑠美子さん、寺中誠さんが、それぞれのご専門の分野や現場での経験を通して、共通の問題や課題をわかりやすく、そして力強くお話ししてくださいました。会場には若い学生を中心に170名以上が集まり、講師とパネリストの言葉一つひとつに熱心に聞き入り、多くの質問が飛び交いました。またブックレット作成にあたっては、司会の東澤靖さんも含め、ご多忙の中で皆さんにシンポジウム記録の校正を短期間にお願いいたしました。この場を借りて、ご協力くださったすべての方々に心から感謝とお礼を申し上げます。

　最後にこのブックレットが、「目には目を」的な発想ではない、暴力の連鎖を絶とうとする世界中の市民の挑戦を知っていただくきっかけになることを切に願っています。

　　　　　　　　　　　　　　　　　　　　　2006年1月
　　　　　　　　　　　　　　　　　　　　　川上園子
　　　　　　　　　　　　　　　　　　　　　アムネスティ・インターナショナル日本

目次

はじめに……………………………………………2

基調講演
「荒ぶる正義」に替わるもの……………………………5
国際人道法と国際刑事裁判がもたらす希望
最上敏樹

パネル・ディスカッション
不処罰の連鎖を断つ……………………………………22
いま、市民に何が求められているか
東澤 靖・伊藤千尋・西野瑠美子・最上敏樹・寺中 誠

世界で起きていることをもっとくわしく知るための用語解説…………61

基調講演
「荒ぶる正義」に替わるもの
国際人道法と国際刑事裁判がもたらす希望

最上敏樹

現代は「最悪の時代」

　12、3年前だったと思いますが、イギリスのエリザベス女王がある流行語を作ったことがありました。「アヌス・ホリビリス（最悪の年）」という言葉です。その年、自分の息子の不倫が発覚したとか、その息子のお嫁さんの不倫が発覚したとかいろいろなことがあって、彼女にとっては散々だったらしいのです。そのときのエリザベス女王のまねをするわけではありませんが、現在のわれわれの時代を振り返ってみますと、これも「最悪の時代」だという気がします。

　60年前、第２次世界大戦が終わったとき、世界にはもう少し希望がありました。とくに「人権」が登場したことです。若いみなさんには、人権という言葉はもはや当たり前かもしれませんが、60年前は決してそうではありませんでした。日本も同様でしたが、そもそも言葉も知られていない、理念としても存在しないに等しいという国が世界にはたくさんあったのです。その中で、人間には人権というものがあり、それは守られなければならないものなのだという考え方が広まりました。そして、平和を守るということは人権が守られるということだと認識されるようになり、さらに、自分の属している国が人権を保障してくれなければ、国際社会が保障してくれるかもしれないということまで見えてきた。これは世界の多くの人びとにとって、とりわけ大きな希望だったのです。

　それがいま、壊されつつある。だから、単に戦争が起こっているだけではなく、60年前の最大の希望が一緒に壊されるかもしれないということが、いまの時代が「最悪の時代」だと感じさせる、大きな原因になっているのではないかと思います。

「最悪の時代」を象徴する２つの収容所

　その「最悪の時代」の象徴が、グアンタナモとアブグレイブという２つの地名です。グアンタナモはご存じのとおり、アフガニスタンでの戦争でテロリストとされた人たちが捕らえられているキューバの米軍基地、アブグレイブは、イラクでの非常な虐待行為があった収容所です。

　この２つは、一方はいちおう「敵の兵士」ということで捕まえており、もう一方は「敵の兵士か何かわからないが危なそうなイラク人はみな捕まえてくる」、というものです。やや違うのですが、共通点は、「テロとの戦い」という標語の下に、たく

さんの人が捕まえられているということです。

　事態を掘り下げていくと、ここにまず問題があることに気づきます。「テロとの戦い」というレトリックが、この何年間か機関銃のように次々と聞かされるようになりました。こういう言葉を来る日も来る日も聞かされていますと、これは大変なことだ、人類が総力を挙げてテロリストを全部叩きつぶしてしまわなければいけないという気分が、次第に人びとの頭の中に刷り込まれていきます。

　たしかに、テロという言葉を聞いて普通の人がまず思い浮かべるのは、世界貿易センターが崩れ落ちる様子や、つい最近のロンドンの地下鉄での爆破事件でしょう。言うまでもなく、こうして罪もない一般市民を殺害するような行為が許されるはずもありませんし、これはいけないと誰しも感じます。そうすると、「テロとの戦い」と言われると誰も反対できませんし、テロと戦うこと自体が正義であるから何でも許されるのだ、という話になりがちです。しかしこれは多分に、レトリックといいますか、人間の気持ちを操作するための議論立てだという気がしてなりません。問題は、「テロとの戦い」と言うけれども本当にすべてがそうなのか、ということなのです。そういうことからきちんと話を詰めていかなければ、人間を裁くことはできないのではないでしょうか。

　たとえばグアンタナモに連れて行かれた数百人──いまでも500人以上が閉じ込められているそうですが──すべてが本当にテロ行為をしたのだろうか、と問うことです。実際にそう問い合わせているアメリカの弁護士たちが、何百人もいます。それに対して何も返事が返ってこない。そうなのだと言われるだけで、何の証拠も出されないし、説明もないのです。

　同じことはアブグレイブのイラク人たちについても言えます。あそこに閉じ込められて、あれだけひどい虐待をされた人たちのすべてが本当にテロリストだったのかというと、どうも明確な答えはない。仮にテロリストだったとしても、その人たちに収容所内でああいう虐待行為をすることが許されるのか、と問うてもやはり答えは返ってこない。

「テロとの戦い」の美名の下に行なわれたこと

　そう考えてきますと、「テロとの戦い」という言葉を簡単に使うこと自体が大きな問題だという気がします。人間の思考というものは、われわれがどういう言葉を

使うかによってかなり決まってきます。ひとつの言葉を使い続けると、それによって私たちの世界観もかなり決まるのです。

　この何年か、世界の事態のほとんどすべてが「テロとの戦い」というレトリックで動いています。その中でわれわれも、何となく目をふさがれているというか、だまされているところもあるのではないか。そして事態はよくなるかわりに、むしろ悪くなっていっているのではないかという気さえします。

　ハワード・ジンというアメリカの研究者がいます。ボストン大学を引退した歴史家で、日本でも何冊か翻訳本が出版され、わりあい知られている人ですが、この人が最近のイラクでの情勢を痛烈に批判しています。とりわけ「わが国（アメリカ）の政府はあれを解放戦争だと言っているが、いったい誰が解放されたのだ」と言うのです。いわく、「イラク人は解放されてなどいない。かつてはサダム・フセインの圧政に苦しんでいたかもしれないが、いまはアメリカやイギリスの占領下にあるのだ。解放されたのではなく新たに占領されただけのことではないか。サダム・フセインからは解放されたかもしれない。でも、私たちアメリカ人からは解放されていないのだ」（傍点は引用者）。自分の痛みをこめて、彼はそう言います。「いまやイラクは、われわれアメリカ人との戦争をしているのだ」と。

　部外者から見ればきわめて当たり前なのですが、アメリカではこのことをあらためて言わなければ、多くの国民にはわかりません。ただ単に「イラクの人たちは圧政から解放されて、いま自由を謳歌している」という話を信じ込んでいる人が大多数ですから、ハワード・ジンのように勇気のある人が、いろいろ批判されながらも、「そうではない。イラクの人たちはわれわれに占領されているのだ」と、あらためて言わなければならなくなるのです。

　ハワード・ジンの議論でなるほどと思いましたのは、「アメリカがやっているのは、イラクの人たちに対して悪をはたらくということだけではない。実はそれによって、われとわが身を傷つけているのではないか」という観察です。つまり、「アメリカが無法者然とした行動をイラクでとることによって、評価も下げるし、現地に行っているアメリカの兵隊たちも何人も殺される。そう考えるならば、これは、人を傷つけているだけではなく自分をも傷つける行為なのではないか。こんなことは、もうやめなければいけないのではないか」と言うのです。

　最近の短い論文の中でハワード・ジンは、アムネスティ・インターナショナルの事務総長アイリーン・カーンさんが今年度（2005年）の年次報告書で使った

言葉を引用しています。それは「現代の強制収容所」という言葉です。グアンタナモのことをカーンさんは言っておられるのですが、何の情報も提供されず、やみくもに劣悪な条件の下に閉じ込められていることを指して、「強制収容所」という言葉を使ったのでしょう。

この「強制収容所」という言葉——英語では「グーラーグ」という言葉を当てられているのですが——は、もともとはロシア語です。ソ連の独裁時代にあったシベリアの強制収容所を「グーラーグ」と言っていました。その言葉をわざわざ使っているのです。つまりグアンタナモは、アメリカが「人類を解放する」と言っていたときの敵だったソ連の強制収容所に匹敵するようなものだ、あれだけ批判してきた敵と同じことを、いま自分たちがやっているのだ、という批判を込めて使った言葉なのだろうと思います。

その「現代の強制収容所」を作り、しかも、たまたまアメリカの場合には世界で最強の国ですから、そういうことをやっても処罰されることもない。そうすると、一国が処罰されなければ、ほかの国も処罰されないことになり、処罰されない国が次々と現れることになってしまう。こういうことが問題なのだということを、カーンさんは報告書の中で言っているわけです。

実は、これが9・11以後の世界の、最大の問題の1つだろうと思います。たしかに世界には、意味もなく一般市民を狙って暴力をふるう人もいます。こういう「テ

ロリスト」も問題なのですが、それだけではなく、「テロとの戦い」というスローガンが出てきて、誰もがルールを守らない体制に次第に移り始めてしまったことが、同じくらいに深刻な問題なのです。

　アメリカが9・11のあと、テロとの戦争ということを言い出したとき、真っ先に拍手を送って「大賛成だ」と言った国が少なくとも2つあります。イスラエルとロシアです。それはそうでしょう。テロとの戦いで何をやってもよいのなら、自分たちも明日からそうしてよいのだ、ということになるからです。イスラエルはパレスチナでその後ひどい攻撃を始めました。ロシアはチェチェンでその後の攻撃をさらに激化させました。「テロとの戦い」と言いさえすれば何でも許されるのだという文化が、ここから強まってしまったように思うのです。

規範性の弛緩

　その頃から私は、新聞などで書くときに、しばしば「規範性の弛緩」という言葉を使うようになりました。ルールがルールであるという常識が薄れて、これはルールなのだから守ろうという考え方がなくなってしまう。「捕虜は保護しなければならない」と言うべきときに、「いや、これは捕虜ではないのだから」と言えば、それに対していくら虐待を加えてもいいような話になってしまう。これが「規範性の弛緩」ということです。

　冷戦が終わった後の現在の世界は、唯一超大国体制といわれます。超大国がそれまで2つだったのが、1つになった。2つであろうと1つであろうと、超大国が世界全体を支配するというのはあまり気持ちのいいことではないのですが、それが1つになってからの最大のまずさはどこにあるかというと、無法支配の体制に変わってきたということです。

　人間の社会は政治の世界ですから、ある程度は支配とか、それに対する服従ということが必ずどこかで出てきます。だから、支配をゼロにしろと言ってもなかなか難しいのですが、支配をするにしても、それについて根拠がなければならない。とくに法的な根拠です。こういう根拠があるからこういう支配をするのだということが、みんなにわかるように伝えられなければ、支配というものは腐りやすいものなのです。

　権力者はどこの社会にも必ずいますが、とりわけ説明責任を負っています。支

配される側に対して、「こういう理由で権力を行使するのです」ということを言わなければいけない。それから、権力者は率先してルールを守る責任もあるはずです。そういったものなしに、つまり説明責任も果たさず、ルールを守るという責任も果たさないで、正義の御旗だけを振りかざして暴力が行使されるという時代になりつつあるのではないでしょうか。これが唯一超大国体制の本当にまずい点だと思うのです。

　一昨年から今年にかけて、国連のアナン事務総長が国連改革ということをしきりに言っています。国連改革といいますと、日本では日本が安保理の常任理事国になれるかどうかという話しか報道されないので、そういう話だと思っている方も多いと思いますが、アナン事務総長が言う「国連改革」は、それとは違います。2003年にアメリカが戦争を始め、国際法のルールを無視し始めたのを見て、これをなんとかしなければならない、これを建て直さなければ国際社会が根底から崩れてしまう、と心配して言っていることなのです。

　こういう危機感は、いまの国際社会の中には相当に広く存在すると言ってよいだろうと思います。国際社会だけではありません。あちこちで戦争を起こしている当のアメリカ国内でもそういう良識は働いていて、アメリカの連邦最高裁が、2004年6月に重要な決定を下しました。簡単に言いますと、グアンタナモの被収容者が人権侵害の訴えを起こすことができる、という決定です。それまで、グアンタナモの被収容者が人身保護法に基づいて連邦政府を訴えることができるかどうか、法律的に争われていたのですが、連邦最高裁がそれを認めたのです。

　しかし連邦政府は、連邦最高裁の決定をも無視して何もやっていません。連邦最高裁はもっと怒ってしかるべきだろうと思います。

アメリカ国内における批判

　そうしたなかで、グアンタナモやアブグレイブの被収容者本人あるいはその代理人からの訴訟が、アメリカではいくつも続きました。そして、これをせっせと報道する報道機関もあります。

　たとえばニューヨーク・タイムズがそうです。とくにボブ・ハーバートという記者が熱心に報道していまして、その記事を見ますと、こんなふうに書いてあります。「イラク人に対する拘禁の状態も、そこでの虐待も、本当にひどいものだった。

逮捕理由も知らされない。弁護士もつけられない。不服申立ても許されない。ただ収容所の中にぶち込まれているだけ、虐待されるだけということだった」。そして、「いまやアメリカは、ぞっとするような無法者に転落しつつある。そのことを自分は本当に残念に思う」——ハーバート自身にとってもつらいことに違いありません。そして彼は、「イラクで釈放された人たちの話を聞いて、実態を知れば知るほど、アメリカの状態は、中世の頃からいったいどれほど進歩したのだろうかとさえ思う」と、ずいぶん厳しい批判をしています。

ちなみに、いま引用している記事の見出しは、「こういう事態に対して誰も説明責任を負わないのか」というものです。誰かが説明する責任があるはずなのに政府は何も言わないし、裁判所に訴えてもなかなか認められない。しかしそれは、民主主義を標榜してきたアメリカという国が持っている義務、つまり説明責任という義務を誰も果たしていないということではないか、それはおかしいのではないか、と彼は言うのです。

国際法から見たアメリカの行為

こういう事態を国際法の観点から眺めるとどうなるか。「テロとの戦い」と言いさえすれば、拷問であれ虐待であれ、すべてやってよいかのような錯覚を起こしている人が、アメリカ政府やイギリス政府の一部にはいるようですが、本当にそうなのでしょうか。もちろん、拷問や虐待を自由にやってよいなどという国際法は、どこを探しても出てくるわけがありません。

アフガンでの戦争の際、タリバンとかアルカイダといわれる組織の人間が捕まって、この人たちは捕虜ではないという扱いをされました。「違法敵性戦闘員」などという言葉が当てられましたが、これは国際法的にはほとんど無意味です。そんな言葉は国際法にはありませんし、そういう言葉を与えさえすれば拷問をしてよいという規則もない。「捕虜ではない」と言いたいのでしょうが、捕虜にできるかどうかの決定自体が、国際法に従って決められねばならないのです。

敵国の兵士であることがはっきりしていなければならないとか、武器をそれとわかるように持っていなければならないとか、階級章をつけていなければならないとか、いろいろな細かいルールがあるのですが、なかなか見分けがつかない場合もあります。見分けがつかない場合、つまり捕虜として扱うべきかどうかわか

りにくい場合には、裁判所が決めるまで待ちなさいと国際法では決められています。

アメリカの政府や軍が、「こいつは捕虜ではない」と勝手に決めて、捕まえて、拘禁して、虐待をすることが許されるのではありません。裁判所に諮らなければならないのです。国際裁判所がある場合はそこに諮るのが最もよいのでしょうけれども、とりあえずアメリカは、自分の国の裁判所には聞かなければいけない。そうしてからでなければ、捕虜としての扱いをすべきか、しなくてよいかということを決められないのです。そういうことを、アメリカはきちんとやっていないことになります。

アブグレイブにおける虐待の責任者

もっと問題なのは、アブグレイブのほうです。これも最初のうちは、アメリカは、「テロリストは捕虜として扱わない」と、なんとなく済ましてしまいましたが、アブグレイブの収容者の大半はそもそも兵士ではないのです。どうもテロリストに協力しているらしい、などという理屈で捕まえられてしまう一般市民が非常に多い。

しかも、最近の調査では、アブグレイブに収容された人間の70%から90%は誤認逮捕だそうです。要するに、何の根拠もなしにいい加減に引っ張っていって

しまったわけです。そういう雑な逮捕ですから次々と釈放もされるのですが、そこにおける最大の問題は、そういう行為が（戦闘員ではなく）一般市民に対して行なわれていることです。一般市民だとすれば、捕虜として扱うかどうかなど考えるまでもありません。一般市民であるならば、捕虜以上に手厚い保護を与えなければいけないからです。

　とくにアメリカがイラクを占領しているのであれば、その占領下に置かれた一般市民に対する保護義務が自動的に生じます。占領することが現在の国際法で許されるかどうかという問題はいったん脇に置くとして、占領する以上は、一般市民に対しては最大限の保護を与えなければいけない。令状もなしに引っ張って牢屋につなぐ、虐待をするなどということが許されるはずはないのです。

　その拷問ですが、アブグレイブの拷問が明らかになったときにラムズフェルド国防長官は、「一部の、ごく少数の人間の例外的な行動だ」と言って切り抜けようとしました。それに対してアメリカでは、何人もの学者が批判の論調を展開しています。これは一部の人間の行為でもないし、今回たまたま起きたことでもない。アブグレイブでのやり方を見ると、「もう数十年来、アメリカの中央情報局（CIA）が開発してきた方法を使うもので、アメリカ伝統の方法なのだ」と言うのです。

　アルフレッド・マッコイというウィスコンシン大学の歴史の教授によると、アブグレイブで起きたことはCIAの伝統で、ベトナム戦争においても、ベトナムの共産主義者たちに対して同じような方法で拷問を体系的に加えていた証拠が残っている、と言います。このときには、ベトナムの共産主義者たちを、少なくとも2万人拷問で殺しているそうです。戦争で殺した人はもっと多く、50万人を超えます。

　そのときにどういう方法を開発していったか。それは、拷問を加える相手に対してなるべく手を加えない方法です。「ノータッチ」と呼ぶそうですが、直接に危害を加えずに相手を苦しめる方法を指します。たとえば、ストレスを与える姿勢をとらせ続ける。箱の上に立たせて、電線を巻きつけておいて、落ちたら電気が流れて死んでしまうぞと脅す。あるいは、1週間も眠らせないで五感を狂わせる。さらには、今回も大々的に行われた性的虐待。——これらと同じ手法がアブグレイブでも使われているのだから、あれは一部の跳ね上がりの行動ではなく、上からの指示で、教えられたとおりの手法を使ってやっていたのだ、と学者たちは指摘するのです。

公平な立場で不正義を追及するジャーナリストたち

　こういうわけで、現在の状況はけっして明るくはないのですが、その中でこのひどい事態をなんとかしようと訴える人もいます。これは少なからぬ希望です。パレスチナでもチェチェンでもひどいことが起きていますが、それを伝えようとする人がいる。その人たちの話をしたいと思います。2人ともたいへん優秀で勇気のある、女性ジャーナリストです。
　1人はアミラ・ハスというイスラエル人です。日本でも最近この人の書いた記事の翻訳が『パレスチナから報告します──占領地の住民となって』（筑摩書房・2005年）というタイトルで出ましたが、とても面白い本です。面白いというのは語弊があるかもしれませんが、パレスチナの様子をよく伝えるだけでなく、この人のジャーナリストとしての良心をよく感じさせる本なのです。
　パレスチナでは、イスラエルによってひどい検問が行なわれ、家を追い立てられて突然目の前で壊されてしまったとか、捜索を受け追い出されて家に戻ってみたら、必要もないのに家中糞尿を撒き散らされていたとか、聞くに耐えないようなひどいことがたくさんあります。このハスという人は、それをいちいち現場に出かけて確認し、証言の裏づけをとって、イスラエル政府に睨まれながら報道し続けているのです。同時にこの人は、アラファト時代のパレスチナ自治政府指導部の腐敗ぶりも報道して批判しています。両方とも腐っている、片方は信じられないぐらい非人間的なことをやるし、もう片方はそれを見て見ぬふりをして自分たちだけいい生活をしている──そう言って両方とも批判するのです。
　彼女はユダヤ人で、両親はともにアウシュヴィッツの生き残りです。ナチスドイツのもとで強制収容所に入れられて虐殺された、第2次世界大戦時のあのひどい出来事です。100万、200万という単位の人たちが強制収容所で殺されていった。アミラ・ハスの両親もそこに閉じ込められていて、一歩間違えば収容所でガスで殺されていたかもしれない人たちです。
　あるインタビューで彼女は、「自分の生い立ちと、パレスチナ問題を書くことの間に何か関係がありますか」と聞かれ、「大ありです」と答えています。「自分は、親がそういう目に遭ってきたので、その後の世代として一切の抑圧に反対し続けたいのだ。抑圧されるのは誰であっても同じ。一切の抑圧に反対したい。必要なことはたったひとつで、それは人間的であることだ。それはジャーナリストとしてで

あれ、人間としてであれ、とにかく人間的であること、抑圧に反対するということが人間的であって、それこそが正義だ」と。

「自分は世界というものを、国家や民族によって分けることはしない。自分の忠誠心というものも、親族とか家族に対してだけ向けられるものではない。民族うんぬんよりも、人間に対する抑圧への反対こそが自分にとって重要なことなのだ。抑圧されているのがユダヤ人であれば、それを批判するだろうし、抑圧されているのがパレスチナ人であれば、それを批判するだろう。それが抑圧の経験を持った親から生まれてきた人間の責務なのだ」と彼女は言うのです。たいへん見識のある人だと思います。

もう1人は、アンナ・ポリトコフスカヤというロシア人ジャーナリストです。彼女もまた、自国がチェチェンで行なっている虐殺その他の抑圧行為を、勇気をもって報道し続けています。この人は実際に何度か命を狙われていて、一時は意識を失って死ぬ寸前で発見されたということがあったといいます。文字どおり命を懸けて報道をしている人です（参考：ポリトコフスカヤ『チェチェン やめられない戦争』〔NHK出版・2004年〕）。

ロシアにはロシアの言い分があるのかもしれませんが、チェチェンでいわゆる「対テロ活動」をやっています。殺人もすれば拷問もする。略奪も誘拐もやっているわけですが、それをポリトコフスカヤという人は、実に抑制のきいた書き方で真摯に報道しています。チェチェンは、ある意味ではパレスチナ以上に悲惨かもしれません。パレスチナほどニュースが伝えられませんから、こういう人のニュースでかろうじて実態がわかる、という点においてです。そんな中、「人間たちがチェチェンで踏みつけにされて、心が壊されてしまっている」とさえ彼女は言います。

この人たちが自暴自棄になり、わずかな爆弾を使ったりすると、それが「テロリスト」だと言って非難される。これが、テロリストという言葉を簡単に使うことの危険性のひとつだと思うのです。ポリトコフスカヤは、「テロリストとか何とか言う前に、とにかく痛めつけられて、痛めつけられて、痛めつけられて、心が破壊されてしまった人間たちなのだ。あとは死ぬ前に1回でもいいから、あのロシア人たちに復讐をしてやりたいということしか考えない。その復讐さえすれば、あとはもう死んでもいいという人間はごまんといる。そういう問題なのだということを分からなければいけない」と言います。

この人が言っていることの中で、頭に刻みつけておきたい言葉があります。「無

権利隔離地帯」という言葉です。「いまやチェチェンという場所は無権利隔離地帯なのだ」と彼女は言います。人間の権利が奪われたままこの地域だけが隔離されて、誰も何もすることができない、そういう地域に成り果ててしまっている。ある者たちはそこでは何をやってもかまわない。強姦をしてもかまわないし、略奪をしてもかまわない。不当逮捕をしてもかまわない。拷問をやってもかまわない。殺してもかまわない。チェチェンはそういう地域になってしまっている──。

　その無権利隔離地帯で、誰にも見られずに迫害される人間たち。その人びとに対する共感を、このジャーナリストは語ります。たとえば、「わずか1000人の村が焼き尽くされたという事件がある。それは1000人が失われたということかもしれないが、その村の人たちにとっては、何十万の人が失われたのと意味は全く同じだ。これは人間の苦悩であって、人間の苦悩というものは、長さや重さみたいに測ったりはできない。500人の村が全員殺されたら、その人たちの心の中には、数十万、数百万という人が殺されたのと同じだけの苦悩が残るはずなのだ」と。

一般市民の大量殺害に対する無自覚

　こう見てきますと、今の世界の状況の中で、少なくともここ60年以上の間、何かが変わらずにいるということを残念ながら強く感じます。

17

この夏、広島に行き、そこで感じたことがありました。人類の中で権力を握っている人たちは、広島や長崎で起きたことがもう二度と繰り返されてはならないのだということを本当にはわかっていないのではないか、という点です。
　核兵器の使用は違法であると、1996年に国際司法裁判所も言っています。しかし、仮に核兵器が使われなくとも、何も罪のない一般市民を大量に殺すならば、それ自体が国際法上許されない重大な犯罪なのです。にもかかわらず、その点が徹底されないままできた。だからこそ、——幸いなことに核兵器そのものは長崎以来使われずにきましたが——無差別大量爆撃だけは行なわれ続けるのではないか。ユーゴスラビアでも行なわれましたし、アフガニスタンでもイラクでも行なわれました。核兵器が使われなくても、核兵器を肯定する思想はそのまま生き残っている、と強く感じたのです。
　一般市民を攻撃することが国際法上は絶対に許されないのだということを、いくつかの主要な国の指導者がとことん感じなければ、核兵器もなくなることはないでしょうし、こういう残虐行為もなくなることはない。核兵器を使うということと、ある国に出かけていって拷問を行なうということは、根っこはひとつなのです。そこのところを変えなければ、両方ともなくならないだろうと思います。

ドイツにおける普遍的管轄権の行使

　ただ、それはあくまでも国家間の論理と倫理で動いていることであって、市民社会の中には、そこをなんとかしようと頑張っている人たちが現れ出していると思います。つまり、国家間の倫理と市民社会の倫理が微妙にずれ始めている。この市民社会の倫理を強めていこうという傾向が出てきていると思うのです。
　そのひとつの例をご紹介したいと思います。2004年から2005年にかけて、ドイツでひとつの訴訟がありました。アブグレイブでの虐待を訴えるというものです。訴えたのは、虐待された数名のイラク人とアメリカの人権団体です。これが法律家の団体に支えられながら、ドイツの裁判所に訴えた。訴えられたのはラムズフェルド国防長官やテネットCIA長官などです。
　イラク人やアメリカ人が、イラクで起きたことについてなぜドイツの裁判所に訴えるのか、不思議に思う方もおられるかもしれません。実はドイツの刑法典には、国際法に対する犯罪に関する特別な規定があって、国際法で犯罪と決められた

犯罪であれば、それがどこで行なわれたものであろうと、あるいはドイツに関わりのあるものであろうとなかろうと、ドイツの裁判所は裁くことができるとしているのです。起源はワイマール共和国時代の立法だそうですが、とにかくこういう規定があるので、これを使って訴えようという人たちが現れました。

　結論的には2005年2月に、ドイツの連邦検察官が、この件に関しては公訴提起をしないと決めました。門前払いをしたということです。連邦検察官の簡単な声明では、こういう事件については、まずはアメリカが被疑者を裁くべきであって、ドイツの裁判所が安易に乗り出してよいことではない、という考え方をとったようです。

　ただ、こういう考え方——誰でも裁けるようにしようという考え方は、世界に広がりつつあります。戦場での拷問とか人道に対する罪というものは、いわば人類に対する犯罪なのだから、誰が裁いてもよいではないか、どの国の裁判所が裁いてもよいことにしようではないか、という考え方です。専門用語で「普遍的管轄権」と言います。

　はっきり言いますとこれは、国際法でまだ一般に広く認められている考え方ではありません。しかし、それでも裁かなければならない、ああいうひどい犯罪行為を犯した人間たちを放っておいてはいけない、という考え方をとる国はいくつかあり、ドイツのほかには、たとえばベルギーがそうでした。

　ベルギーは、1993年にベルギー人道法という新しい法律を作って、ジェノサイドなどの人道に対する罪は、どこで起きたものであってもベルギーの裁判所が引き受けるという法律を作りました。実際に2001年には、ルワンダで起きたルワンダ人同士の殺害の被疑者であったルワンダ人が、ベルギーの裁判所で裁かれ、有罪判決を受けています。ただこの法律は、アメリカから相当な圧力がかかり、2003年に事実上の廃止に追い込まれてしまいました。ですから、「普遍的管轄権を行使します」と言っていつも店開きをしている裁判所が、ベルギーからはなくなってしまったのです。ただ、全部なくなったのかと思いきや、ドイツにまだ残っていたということで、ドイツがこの法を改正しないかぎり、ドイツの裁判所はしばらく使われることになろうかと思います。

　この裁判の代理人の代表を務めたトーマス・ワイスというアメリカの国際法学者の、裁判の後の発言がふるっています。「ほかにどこもなかった。ここしかなかったからここに来たんだ」と言うのです。たしかにそのとおりで、ほかの国の裁判所

に訴えようとしてもそうはいかない。国際裁判所といっても、もちろんそうはいかない。そうすると、ドイツの裁判所しかないじゃないかというのが、トーマス・ワイスの敗戦の弁でした。

国際刑事裁判所発足への動きとその役割

　このように、処罰せずに済ますことがいわば「文化」になっている世界の現状をなんとか変えよう、という動きが徐々に進んでいます。しかし先ほど述べたとおり、ベルギーやドイツのように普遍的管轄権をそれぞれ個別の国が使うということは、いまの国際体制では非常に難しい。難しいならば、世界全体でその管轄権を行使するようにしよう、世界全体で裁くようにしようという考え方になってきます。それが国際刑事裁判所 (International Criminal Court: ICC) というものです。
　これはきわめて論理的な結論です。おのおのの国が「わが国では店開きをしていますから、ここへ連れて来てください」と言っても、たまたま連れて来られたり、たまたま連れて来られなかったり、あるいは、ある国から圧力がかかって閉鎖させられたりということをやっているのでは、不処罰はなかなか改まりません。それを改めようとするなら、常設の国際裁判所を作って、どこの国で起きた虐待であれ、拷問であれ、ジェノサイドであれ、そこに持ち込めば裁くことができる体制を作るのが最も合理的です。ということで国際刑事裁判所が作られました。現在すでに3件 (2005年9月現在) の審議が始まっています。すべてアフリカで起きた事件です。
　これは、国際法の世界でこれまでに達成された、最大の発展のひとつだと言ってよいと思います。
　第2次世界大戦後のニュルンベルク裁判、東京裁判は、基本的に侵略者を裁くためのものでした。実際には侵略だけではなくジェノサイドなどにも範囲が広げられましたが、基本にあったのは、侵略した国を裁くという考え方です。
　それに対し、20世紀の終わりから21世紀にかけて作られた現在の国際刑事裁判所は、はなはだしい人権侵害を裁くものです。ようやく国際社会に、これ以上非人道的な行為は許さない、不処罰では済まさない、という体制が現れたのです。
　そういう意味で、不処罰の文化というものが次第に乗り越えられつつあります

が、ただ、それでもまだ根深い問題があります。何かと言いますと、国際社会において権力を握っている者をいったい誰が裁くか、ということです。

たとえばアメリカは、正義を振りかざして戦争をし、捕虜を保護することもなく、一般市民を保護することもない。そして、自国の兵士だけは国際刑事裁判所で訴追されないように猛烈な運動をする。しかしアメリカは強い国ですから、どの国もそれと正面衝突したくない。そうなりますと、この国が犯した人道上の犯罪はどうしたらいいのか、という問題だけが残ることになります。おそらくそれが世界にとって最大の問題のひとつのはずなのに、その最大の問題が手つかずで残ってしまいかねないのです。

市民社会の側としては、たとえ当面のところそういう国を新しい国際人道法の支配の体制に組み込めないとしても、あきらめずにその体制から逸脱することは不当なのだ、と訴え続けるほかないだろうと思います。

ただその前に、そもそも武力行使を簡単にできないような国際社会の仕組みをもっと強化しなければなりません。現在語られている「国連改革」あるいは「国連強化」に関して最も力点が置かれるべき点があるとすれば、それは、国々が勝手な理由で武力行使をすることができないような仕組みを国連がどう作るか、ということだと思います。実際にも、そういうことに声を上げ続けている人びとがいる。問題の多い世界ではありますが、市民社会の倫理というものを広げようとする人びとがいるということが、そこにおける大きな希望なのではないでしょうか。

最上敏樹（もがみ・としき）
国際基督教大学教授。1980年、東京大学大学院法学政治学研究科博士課程修了（法学博士）、同年より国際基督教大学にて教鞭をとり、90年より現職。91年〜02年、同平和研究所所長、ならびに99年〜現在、同ロータリー平和センター所長。主著に『国境なき平和に』（みすず書房）、『国連とアメリカ』（岩波新書）、『人道的介入——正義の武力行使はあるか』（岩波新書）、『国際機構論』（東大出版会）、『国連システムを超えて』（岩波書店）、『ユネスコの危機と世界秩序——非暴力革命としての国際機構』（東研出版）など。ほか共著および論文多数。近年は国際人道法および国際刑事裁判についての研究を深めている。

パネル・ディスカッション

不処罰の連鎖を断つ
いま、市民に何が求められているか

9・11から4年。力による正義と暴力の連鎖を前に暴力の被害者たちは何を求めているのか？紛争の現場を見続けるジャーナリスト、NGO、国際法のスペシャリストがともに考える。

東澤　先ほど最上さんには、とくに9・11以後、さらにはそれよりも遡って、世界でいったい何が起きているのか、国家間の倫理と市民社会の倫理がなぜこれほどまでに離れてしまったのかということについてご講演いただきました。

　私たちが考える犯罪、たとえば人を殺したり、強かんをしたり、あるいは物を略奪したりということは、普通の市民同士であれば刑事法が適用されて処罰をされる、訴追されるのが当然とされています。しかしながら、これが国家という、あるいは権力という背景の下に公然と行なわれている場合には、当然とされていることが行なわれない。

　ある日突然、軍隊がやって来て一般市民が拘束され、そのまま連れて行かれてしまう。あるいは性暴力がなんの躊躇もなく行なわれる。揚げ句の果てにはさまざまな虐殺行為が起こる。そういった問題というのは、いったいどのようなかたちで世界中で起こってきたのか。それに対して国際社会や市民社会は、どういったかたちでそれと戦おうとしてきたのか。この点について、パネリストの方々の多彩な経験をもとに語っていただきたいと思います。

　まずは各パネリストから、世界中で起こっている重大な人権侵害がどのようなものだったのか、あるいは市民は戦ってきたのかということについて、お話ししていただきたいと思います。

　伊藤さん、お願いします。

東澤　靖（ひがしざわ・やすし）
弁護士。国際刑事弁護士会（ICB）理事。明治学院大学大学院教授。社団法人自由人権協会（JCLU）前事務局長。日本弁護士連合会国際人権問題委員会前事務局長。日弁連を代表してICCローマ会議に参加。主著に『アメリカ発グローバル化時代の人権――アメリカ自由人権協会の挑戦』（JCLU編著、明石書店）、「国際刑事裁判所の実務」（季刊刑事弁護No.41～44）、『「正義」の再構築に向けて――国際刑事裁判所の可能性と市民社会の役割』（恵泉女学園大学・大学院編、共同監修、現代人文社）、『入門国際刑事裁判所――紛争下の暴力をどう裁くのか』（アムネスティ・インターナショナル日本国際人権法チーム編、現代人文社）など。

特派員記者が見た世界

伊藤 私は新聞記者をやって30年になりますけど、そのうち20年間は国際報道をやってきました。行った先は、ほとんどが紛争地帯でした。

1980年代の中南米

　最初に特派員として行ったのが中南米です。1980年代半ばで、当時、南米の多くの国が軍事政権でした。軍人が政府を握って好き勝手をやって、反対する市民を簡単に殺してしまう。そういう世界でした。それから中米に行きますと、3つの国が内戦をやっていた。1つの国の中で、政府側とゲリラ側とに分かれて同じ国民が殺し合う。そういう時代でした。

　南米の山岳地帯に行きますと、政府軍がやって来て村人を集め、ゲリラに関係あると思われる人を勝手に判断して、彼らを村はずれまで連れ去っていって殺してしまうなどということが行なわれていました。中米の村では、男がゲリラになってジャングルにこもってしまうと、村に政府軍が入って行って、残っている女性たち、お年寄りたち、子どもたちを村の広場に集め、全員自動小銃で撃ち殺してしまうのです。1つの村で一度に260人も殺されてしまうとか、そんな非道なことが当たり前のように行なわれていた。

　当時、地元のジャーナリストから言われたのは「前から来る弾にも気をつけなければいけないけれども、後ろから来る弾に、より気をつけろ」ということでした。いったいどう意味なのかと聞いたら、「ゲリラの方からも鉄砲の弾は飛んでくるけども、後ろの政府軍からも記者を標的に弾が飛んでくるのだ」と。記者が取材する場所は前線地帯で、前の方にゲリラがいます。でも、後ろにいる政府軍がジャーナリストを撃つのです。

　その理由は現地に行くとすぐにわかりました。政府軍がまったく罪もない村人を集めて殺しているということが、現地に行っていろんな人に聞くとわかるわけです。それを報道されると都合が悪いから、政府軍はジャーナリストを殺すのです。そんなことが日常的に起きているのが、80年代の中南米でした。

1990年代のユーゴ紛争

　それから90年代に入って、私はヨーロッパに特派員として行きました。そのと

きにユーゴの内戦が始まりました。この内戦は、セルビアという国が悪者で虐殺を行なったと受け取られています。それを象徴するエスニック・クレンジング(民族浄化)という言葉が使われました。「セルビアが民族浄化をしている。こいつが悪いんだ。国際社会はこのセルビアをやっつけなければいけないんだ」というキャンペーンが、アメリカを中心としてなされました。そして、NATO軍がセルビアを爆撃したわけです。

ところが、本当に戦争が始まる直前の現地の状況を見ますと、政府は対立していても、セルビア、クロアチアの国民は、別に敵対感情なんか持っていなかったのです。いま、たまたま紛争が起きているけれども、1カ月もすれば落ち着いて、もとどおりに仲よく暮らせる、とほとんどの人は思っていたわけです。

私がセルビアの街中のカフェでコーヒーを飲んでいましたら、そこに20人ぐらいの屈強な若者が、旗を掲げて、ガンガンガンガン愛国歌を鳴らしながら行進してきました。そして、「相手の国のやつらをやっつけろ。あいつら悪者だ、俺たちが正義だ」というようなことを叫ぶのです。そのとき、私のまわりにいた人々は、「なんだ、あの馬鹿野郎が。愛国、愛国とか叫んで。お互い仲よくやればいいじゃないか」とみんな言っていた。

ところが、いったん戦争が始まって誰かが死んでしまうと、平和な感情を持っていた人が、あっという間に「あいつら憎い、あいつら殺せ」というふうに変わってしまった。

その頃、私はセルビア側とクロアチア側、両方に行きましたけれども、クロアチ

伊藤千尋(いとう・ちひろ)

ジャーナリスト。キューバ砂糖キビ刈り国際部隊員、東大ジプシー探検隊長。1974年、朝日新聞社入社。84年、中南米特派員、「アエラ」編集部員。91年、バルセロナ支局長。93年、川崎支局長。95年〜98年、「地球プロジェクト21」NGO・国際協力チーム。01年、ロサンゼルス支局長。04年9月から月刊誌「論座」編集部。ほかに、アジア記者クラブ代表。主著に『人々の声が世界を変えた!——特派員が見た「紛争から平和へ」』(大村書店)、『太陽の汗、月の涙——「中南米」記者の旅』(すずさわ書店)、『フジモリの悲劇——日本人が問われるもの』(三五館)など。

紛争下で焼かれた家いえ。コソボ、ジェツコヴェ。1999年6月。写真：アムネスティ・インターナショナル

　ア側に行ってテレビをつけると政府のコマーシャルをやっていて、屈強な男がいっぱい出てきて、踊りを踊りながら、「殺せ殺せ、あいつら殺せ」と言うわけです。クロアチア政府が、「正義は俺たちにある。あいつらは悪いやつら、殺せ」というコマーシャルを作るわけです。
　そのときに作られたのが「民族浄化」という言葉です。民族浄化という言葉は、マスコミが作ったのではない。クロアチアとボスニアの政府が、自分たちだけが正義だということを宣伝するために、アメリカの宣伝会社にお金を払って作らせたPRの言葉です。要するに戦争宣伝です。ナチスのゲッベルスがやったのと同じことです。
　戦争というのは国家、いや政府によって作られるのです。決してそこの国民が、みんな本当に相手憎しでやっているわけではありません。その段階でもし歯止めが利いたら、あの戦争は起きなかったのです。ところがいったん戦争が始まってしまうと、後はもう狂気のようになってしまう。それが戦争の実態です。

9・11以降のアメリカ

　3度目に特派員として行ったのがアメリカでした。ロサンゼルスの支局長です。行ったのが2001年8月の終わり。着任して2週間後にあのテロが起きました。そこからアメリカの社会もガラッと変わった。陽気なアメリカ人が、あのテロが起きた日を境にして、どんどん顔がきつくなっていく。それから、心の中に恐怖が湧いてくる。いつまたテロが起きるのではないかというような、そんなビクビクする人間に変わっていったのです。

　あのとき、白い粉の恐怖というのがありました。郵便で白い粉が送られてくる。炭疽菌です。それに触ったらすぐ死んでしまう。その恐怖が全米に広がって、パニックになってしまいました。

　私の職場でも、あるとき、アメリカの一流大学出の助手が私の部屋に入って来て、「いまから病院に検査に行きたい」と言うのです。「どうしたんだ」と聞いたら、「変な封筒が来て、もしかしたら中に炭疽菌が入っていて感染したかもしれない」と。「馬鹿なこと言うな。何が来たんだ、見せてみろ」と言うと、彼はピンセットでその封筒をつまんで持ってきまして、見たら、要するにちょっと宛先が間違っているだけの話なのです。目の前で開けてみて、「ほら、何もないじゃないか」と私が言っても、「でも、気分が悪いから病院に行きたい」と言ってききませんでした。

　一流大学を卒業した秀才でもそういうふうに思うほど、人間はパニックに陥ったら理性を忘れてしまうわけです。その頃のアメリカはそういう状態になっていました。

　あとはもうご承知のとおり、アフガンを爆撃しろ、イラクをやっつけろ、俺たちは正義だ、俺たちはやられたんだ、だから何をしてもいい、というような話になっていきます。そういう流れを現地で経験していると、人間って感情が先に立つと理性をなくしてしまうと思うわけです。

ピノチェトの逮捕

　そういうなかでいちばんひどかったのが、80年代の中南米でした。軍部が政権を握って、市民を弾圧することがごく当たり前だった。典型的なのが南米のチリです。チリでピノチェトという軍人が1973年9月11日にクーデターを起こし、反対派の人を大量に虐殺したわけです。そのときどのくらいの人を殺したのか、未だにわかっていません。いまはチリは社会党が政権を握っているのですが、軍

ピノチェト軍事政権下で「行方不明」となり、拘禁され、処刑された人びとの名を刻み込んだモニュメント。写真：アムネスティ・インターナショナル

部もまだ力が強いから、その時代に本当に何が起きたのか、誰が誰を殺したのか明らかにできないのです。自分の身内を殺された人は、自分の家族が行方不明になったという事実しか残っていない。死体もありませんから。

　こういうのを見て私は、おかしいじゃないかと思うわけです。正義が執行されない世の中っておかしいじゃないですか。そんな社会って、満足できないですよね。平和に暮らせないじゃないですか。本当に人間が安らかに暮らせる、平和に暮らせるというのは、悪いことした人は悪いことをしただけの罪を認める、あるいは認めなくても罰を受ける。そういうルールが確立してこそ市民社会じゃないですか。それがないかぎり、人間は平和に暮らせない。でも、正義が実現されていない国ってたくさんあるわけです。

　チリでは、そのピノチェトが強い力を握っているので処罰できませんでした。ところが、1998年にピノチェトがイギリスに行くと、人道に対する罪で逮捕されました。チリで殺された人のなかにスペイン人がいたため、スペインの判事が、ピ

ノチェトに責任があるとして逮捕状を出したのです。こうして虐殺者は、結局イギリスで逮捕されました。

これは驚天動地でした。いままで独裁者は、自分の国で悪いことをしても裁かれないと思っていたら、国を一歩出たら裁かれるんだということが、ここで初めて明らかになったのです。これはたいへんなことです。いま、ピノチェトはチリに送還されて、起訴されるかどうか、もめています。彼は現在89歳ですが、彼の心はこの7年間ずっと安らかではないのです。そういう意味では、すでにかなり罰を受けていると言ってもいいかもしれません。

しかし、こういう人がちゃんと罰を受けてはじめて、市民は、正義が執行されたのだ、これが人間が生きる社会だと自信を持って思える。そういう社会になるために国際刑事裁判所ができたということは、私はとてもいいことだと思っています。

東澤 伊藤さん、ありがとうございました。

戦争は国家によって作られる。なぜ、これまで平和な市民たちが、そういった殺戮やいがみ合い、憎しみに巻き込まれてきたのか。そうしたなかで被害を受けた人間たちがその被害を回復し、正義を求めるために、いままでは国境の壁に阻まれてなすすべもなかった。それが少しずつ変わってきたのではないかという話をしていただいたと思います。

次に、同じようにさまざまな人権侵害の問題について、とくにジェンダーという視点から問題にし、闘ってきた西野さんから、報告を受けたいと思います。

ジェンダーの視点から見た暴力

西野 伊藤さんのお話を、20世紀がいったいどういう時代だったのかということを思い起こしながら聞いていました。ミレニアムのときに私たちは、20世紀はまさに人びとと社会が破壊された世紀であったということを考えたわけです。そして、そのような時代を繰り返さないために、私たち人類は何ができるのか、そういった大きな課題を抱えつつ、21世紀に突入しました。

20世紀最後の年の最後の月である2000年12月、日本の女性、アジアの女性、そして世界の女性たちが国際実行委員会を結成し、「慰安婦」制度における不

西野瑠美子(にしの・るみこ)
フリー・ジャーナリスト。「戦争と女性への暴力」日本ネットワーク共同代表。アクティブ・ミュージアム「女たちの戦争と平和資料館」館長を務める。日本軍性奴隷制を裁く女性国際戦犯法廷の準備・開催に関わり、『戦場の「慰安婦」──拉孟全滅戦を生き延びた朴永心の軌跡』(明石書店)で2004年度日本ジャーナリスト会議JCJ賞受賞。主著に『戦時・性暴力をどう裁くか──国連マクドゥーガル報告全訳』(VAWW-NET JAPAN編訳、凱風社)、『「慰安婦」・戦時性暴力の実態2』(共編、緑風出版)、『従軍慰安婦と十五年戦争──ビルマ慰安所経営者の証言』(明石書店)など。

処罰を断ち切ろうと、日本軍性奴隷制の責任者を裁く、女性国際戦犯法廷を開催しました。そこには、20世紀に引き起こされた組織的、権力的、制度的な性暴力の連鎖を断ち切り、戦後日本社会の最大のブラック・ホールであった天皇裕仁の免責を断ち切ろうという思いがあったわけです。しかしながら、いま現在もなお戦争、武力紛争が絶えることはなく、武力紛争の下で女性たちはたいへんな暴力にさらされています。

戦時性暴力とは何か

戦時性暴力は、次第にその特徴を明らかにしてきています。武力紛争下の性暴力は、レジスタンスへの報復として、脅迫の手段として、戦利品として、兵士への褒賞として、あるいは性的な欲求不満のはけ口として、用いられてきました。しかしそれだけではない。この概念には拘禁中の性的な拷問、虐待も含まれます。先ほどアブグレイブ刑務所の話がありましたけれども、性暴力は拷問の手段としても用いられているのです。

世界のメディアは、男性の受けた性的虐待に対しては注目し、報道しましたが、アブグレイブの中で女性たちがどれだけひどい性的拷問を受けているか、その結果妊娠し、多くの女性たちが自殺していったということには、まったく関心を示そうとはしませんでした。

一方、ジェノサイドの手段として使われるレイプもあります。レイプは、戦術的、戦略的に武器として使われてきたのです。それはきわめて組織的、集団的、構

造的、そして権力的であったわけですね。
　たとえば旧ユーゴでは、民族浄化の名の下に、強制妊娠が戦術として繰り広げられました。つまりチェトニクの子どもを生ませていくということが民族浄化だ、というわけです。収容された女性たちは妊娠するまでレイプされ、そして多くのレイプ・チャイルドが生まれました。女性たちは、生まれてきた子どもを殺してしまったり、捨ててしまったり、しかし、捨てることも殺すこともできないで育てているけれど、わが子を愛せないといった、非常に強いトラウマの中で子どもを育てている女性たちもいます。レイプ・チャイルドは数字を特定することはできませんが、推定35,000人ともいわれています。
　民族浄化の名の下のこうした虐殺、強制妊娠等々が、つまり女性に対する性暴力が初めて裁かれたのが、旧ユーゴ国際刑事法廷、そしてルワンダ国際刑事法廷でした。
　旧ユーゴについては、2001年2月、まさに女性国際戦犯法廷が終わった翌年の2月ですが、フォチャ事件の判決が下されました。フォチャ事件というのは、ボスニアのセルビア人の男性3人が、フォチャに住んでいる12歳から15歳の少女を含むボスニアのモスレム人（ムスリム系住人に対する民族名）の女性たちをレイプし、2人の少女や女性を性奴隷にしたというものです。この事件については、「人道に対する罪」で被告人にそれぞれ12年、20年、28年という禁固刑が言い渡されました。
　この裁判では、全面的に女性に対する性犯罪に焦点を当て、法廷の中で25人もの被害者が証言を行ない、審理がなされたわけです。このように、性暴力が戦争犯罪の枠組みの中で「人道に対する罪」として裁かれるようになったということは、ひとつの希望と言えます。
　ルワンダでは、ジェノサイドの手段として性暴力が繰り広げられました。ツチ族を完全に一掃するという理由で——これも民族浄化ですけれども——、700万という人口の国で80万人が虐殺されました。そのなかで女性たちは組織的に強かんされたのです。
　なぜツチ族の絶滅と強かんが関係あるのか。それは、ルワンダ国際刑事法廷で出された画期的なアカイエス判決の中で明らかにされています。ツチ族の女性を強かんすることがなぜジェノサイドかというと、強かんがその集団の出生を妨げる方法として有効だからである、と。強かんして妊娠させることにより、彼女が自

分が属する集団の子どもを生むことを妨げることができる。つまり、強かんが集団を破壊する手段として使われたということですね。

レイプは重大な犯罪行為である

　もう1つの問題は、戦時性暴力というのは、「慰安婦」制度の被害者がそうであるように、性暴力の被害者は不名誉な存在とみなされて沈黙を強いられ、時には攻撃にさらされていく場合が往々にしてあります。たとえばイラクでも、多くの女性がレイプされ、妊娠させられたわけですが、夫や父親など家族によって殺された女性が何人もいます。名誉殺人です。それに対する処罰規定が、イラク憲法改正の中で除外されていることも、黙認の背景にあります。

　私は、戦時性暴力の問題を考えるうえで、このことはたいへん重要な問題だと思うわけですね。つまり、レイプされた女性は犯罪の被害者ではなく「家」にとって不名誉な存在と捉えられ、家族により殺される。しかし名誉殺人はイラクにかぎらず、イスラム社会では多数行われているのです。この「名誉」の視線というのが被害者を沈黙にも追いやったと言うこともできますが、逆に言うと、この価値観が、レイプは敵対する相手に精神的に大きなダメージを与える武器であると考えられた理由であると思うわけです。

　たとえば、2002年6月に非常に衝撃的なニュースが飛び込んできました。パキスタンのパンジャブ州――ここは部族が自治権を持っていて、裁判の管轄権も部族が持ち、それぞれの部族が犯罪を裁いています――で、裁判所の役割を果たしている部族評議会が、18歳の少女に対して強かんの刑を言い渡し、衆人環視の中で執行したというニュースです。彼女はいったいどういう犯罪を犯したのかというと、彼女の12歳になる弟がほかの部族の女性と2人で歩いていた、その責任を姉がとらされたというものです。家父長社会の「家」に制裁が加えられたということでしょうか。

　強かんがいかに見せしめの処罰として有効に機能しているかということを考えさせられます。先ほどの名誉殺人と根っこは同じだと思いますね。

　だからこそ、いままでも、そしていまも、戦争、武力紛争の下でさまざまな女性に対する性暴力が引き起こされているわけです。戦時性暴力を断ち切るうえで重要なことは、ジェンダーの克服、そして不処罰の循環を絶つということです。こういった女性に対する暴力は犯罪であり、名誉の問題ではなく、被害を受けた

女性が恥じて沈黙すべき問題ではなく、重大な人権侵害であるという社会的規範を全世界に確立していくということも重要であると考えます。

東澤 ありがとうございました。西野さんには、世界各地で起こっている人権侵害のなかでも、とくに女性が戦争の手段として、あるいは少数民族や反政府勢力を抑圧するための手段として使われる、その犠牲になっている状況を詳しい事例を用いてご報告いただきました。
　次は、寺中さんのご報告を聞きたいと思います。

NGOの活動をとおして見えてきたもの

寺中　いま伊藤さんや西野さんからお話があった、また先ほどの最上さんの講演の中でも触れられておりました、この世界規模で起きている人権侵害について、どういうかたちで解決が可能なのかということで考えますと、本来は国の責任です。つまり、国が国家として、そんなことが起きないようにきちんと予防措置をとることが望まれるわけです。だから、国に第一義的な責任があるということを、まず銘記しておきたいと思います。国がそのような責任を果たさない場合は、その国がある意味では罰せられなければいけない。
　では、罰するためにどうすればいいかというときに、正義を振りかざして、一国主義でその国に攻め込むということをやっている国が現在でもあるわけです。そのようなやり方は、実は昔からありました。要するに、自分たちの国に都合の悪い国に対して攻め込む、これが侵略ということになるわけです。

国際刑事裁判所発足の経緯
　そして、この侵略に関して、これは国際的な犯罪であって誰が裁くこともできないので、国際社会全体で裁こうではないかというような試みとして、1998年に国際刑事裁判所規程がローマでできました。これが現在の国際刑事裁判所のもとになるわけです。この規程によると、国際刑事裁判所の管轄できる犯罪は4つあります。まず、ジェノサイド（大量虐殺）。それから、戦争犯罪。そして、人道に対する罪。これは実は東京裁判とか、それからニュルンベルク裁判以降できあがってきた、すなわち第2次大戦後にできあがってきた概念です。この3つの犯

寺中 誠(てらなか・まこと)
社団法人アムネスティ・インターナショナル日本事務局長。東京経済大学講師。専攻は犯罪学理論、刑事政策論。これまでの論稿には、国際人権法とその実践活動の観点から人権NGOの活動を概説した「人権を守るために――アムネスティ・インターナショナルの運動から」『平和・人権・NGO』(新評論、2004年)などがある。
アムネスティは、国際刑事裁判所設立のために長年取り組んできた。2005年7月から「ストップ！　女性への暴力」キャンペーンの一環として、紛争下の女性への暴力を防ぐために、各国に国際刑事裁判所規程の批准を求める国際アクションを開始。日本の加入促進も優先課題となっている。

罪類型。プラスして侵略の罪というのがあります。ですから、現在ある国際刑事裁判所でも、実は侵略の罪は対象犯罪の中に入っています。

しかしながら、この侵略の罪に関しては各国間の意見の一致が見られなかったのです。1998年の段階でも、どういう行為を侵略の罪とするかということについて一致できない。つまり、そのあたりは非常に政治的な駆け引きも関与してくるということで、これはひとまず置いといて、運用においてはほかの3つの犯罪類型を先行させようということで合意ができたのです。先ほど最上さんのお話の中で、以前は侵略の罪にフォーカスが当たっていたが、人権侵害の問題に焦点が変わってきたというお話がありました。まさにそれを象徴するのが、この1998年にできあがったローマ規程だったということができます。

実はこのローマ規程を実現させたのは何であったかというと、西野さんのお話の中にもありましたさまざまな女性の被害者団体、それから伊藤さんのお話の中にあった中南米のさまざまな被害者団体などの声、つまり被害者の声というものが国際社会に直接に届けられたということが非常に大きかったのです。

これがいつ始まったのか。1993年にウィーンで世界人権会議が行なわれましたが、その前の段階で、国連の国際法委員会で、もう1回起草し直しなさいということで、中断していた国際刑事裁判所規程の起草過程が再開されました。そして世界人権会議で、国際刑事裁判所を作ろう、これできちんと処理されていないさまざまな国際犯罪に対応しよう、という合意ができあがったのです。

国連人権高等弁務官の設置

　このときにもう1つ合意ができあがっています。国連人権高等弁務官という職を作ろうというものです。いま国連には、人権高等弁務官と難民高等弁務官という2つの高等弁務官があります。難民高等弁務官は、みなさんよくご存じの緒方貞子さんが以前されていました。人権高等弁務官は、それと並ぶ要職で、国連の人権関係を一手に統括する職です。

　それまで国連は、国連憲章でも世界の人権問題に取り組んでいくということを謳っていますが、実現できる十分な機能を持っていませんでした。そこで、国連の中の人権に関わるさまざまな部署ををきちんと統合して、そういう機能を果たすために、国連人権高等弁務官事務所が設置されます。

　この設置への動きを公式に発表したのが、1993年の世界人権会議だったのです。ここで出された人権宣言、それからウィーン行動綱領という2つの文書があるのですが、これを後押ししたのが全世界の人権NGOと被害者団体だったわけです。

　人権高等弁務官は、国連の人権機構の中できちんと人権を守るためのさまざまな措置をとっていきます。現在でもこれは非常に有効に機能しています。現在はルイーズ・アルブールという人がやっています。ちょっと前には、メアリー・ロビンソンというアイルランド大統領（当時）が、その大統領職をなげうって人権高等弁務官に就任するということで、非常に同弁務官職のステータスを高めました。その後任のセルジオ・デメロという人は、イラク戦争のときにイラク駐留の国連事務総長特別代表を兼務していまして、バグダッドの国連ビルが爆破されたときに亡くなりました。つまり、最前線で戦っている、そういう国連のトップの要職があるわけです。

国際刑事裁判所への期待

　国連は人権高等弁務官を中心に頑張って人権問題に取り組んでください。その一方で、それでもなおかつ対応できない問題に対しては、国際刑事裁判所を設けることで人権侵害を予防しましょう。そういうことで1998年に国際刑事裁判所規程ができ、現在ではそれが発効しています。日本は残念ながら入っていませんが、この規程は、もちろんまだ足りない部分はありますけれども、かなり練りに練られた国際的な刑事司法のスタンダードなのです。つまり、全世界をカバーで

きる、そういう刑事司法のスタンダードというものをわれわれはすでに持っているのです。

かつては一国一国が個別の、それぞれの刑法を持ってそれでやっていたものが、いまではわれわれは共通のスタンダードを持てる状態になってきた。だから、この共通のスタンダードをぜひとも全世界に広げていきたいということで、アムネスティ・インターナショナルでは、国際刑事裁判所規程への加入促進運動をしています。現在、99の国が入っています。そして100カ国目、メキシコの加入がもう決まっています（注：本シンポジウム後、2005年10月28日に正式加入）。どんどん広がっていって、現在百九十数カ国が国連加盟国ですから、それら全部をカバーできるような基準になれば、この国際刑事裁判所規程は本当に全世界的なスタンダードになるわけです。

ですから、この国際刑事裁判所が、先ほど伊藤さんや西野さんのほうからあった、さまざまな被害者の声をきちんとカバーするひとつの方策として有効に機能するのではないかというふうに私たちは期待しているわけです。

東澤 ありがとうございました。寺中さんからは、90年代の国際的な人権保障をめざした動きのなかで、98年に採択された国際刑事裁判所規程が、何のために、どういった市民社会との関わりのなかで作られたのかという点を詳しく報告していただきました。

国家の責任と国際社会の役割

国際法から見た国家の責任

東澤 いま、それぞれのお立場からいろいろご報告いただいたのですけれども、私のほうから1つ、最上さんに国際法学者という立場からのご意見をお聞きしたいと思います。

そもそも、このように重大な人権侵害があった場合、その人権侵害を起こした国は国際法上どうふるまうべきなのでしょうか。そして、その国が何もしない場合は、他国や国連はこれまでいったいどのようなことを期待されていたのでしょうか。

最上 そういう場合には、まずはその国の中でできることをやるというのが、昔も

今も変わらぬ本筋です。被疑者を拘束して、しかるべき裁判にかけるということが求められていますし、またそれができさえすれば国際的な手続きにはかけなくてもいいわけです。しかし、それをしない国があるからこそ、国連の人権委員会で扱うとか、あるいは国際刑事裁判所を作ってそこで裁くということを、国際社会が代わりにやってあげなければいけないということです。

アメリカの場合には、裁判制度が整っていますから、そういうことをやれば問題ないはずなのですが、そもそも政府にそういうことをやる気がないので、いつまでも問題がずるずる残ってしまうということだろうと思います。おまけにアメリカの場合には、自分の国の兵士が裁かれるということを極端に嫌がる国です。ですからあの国に関しては、国際的な裁きを受けさせようにも、政府にもその気がないし、国際社会がなんとかしようと思っても、それは非常に難しいというのがいまの実態です。

東澤 ありがとうございました。それではパネリストの方々のご発言について、私のほうからさらに質問を重ねたいと思います。

みなさんのお話をまとめると、世界各地に広がるさまざまな人権侵害の実態があった。しかし、国家はそれを無視して、あるいはその責任者は処罰されないで、被害者が放置されてきた。ようやく20世紀の終わりに国際刑事裁判所が作られることによって、もしかしたら正義が実現されるかもしれないという希望が見えてきた、ということだと思います。しかしながら、先ほど最上さんのご講演でもありましたように、一方でまた違った事態も進んでいるかなという気もしないでもない。

たとえば、9・11の後、反テロリズムという名の下にさまざまなかたちでの武力紛争や人権侵害が起こっている。アフガニスタン、イラク、チェチェンやパレスチナといったところで、いままで以上に紛争の鎮圧に名を借りた人権侵害が合法化されてきている気配もある。人権侵害に対する責任を明らかにするというかたちで進んできた運動や歴史が、それによっておかしな方向に行きつつあるのだろうか、あるいはそうではないのだろうかというようなところで、みなさんのお考えをお聞きしたいと思います。

アメリカの一国主義

寺中 先ほど最上さんが話されましたが、アムネスティ・インターナショナル事

務総長のアイリーン・カーンが、まさにその部分について指摘しています。アメリカの一国主義ですね。これは、9・11の事件の後、非常に目立つようになった。要するに法の抜け道を作って、それを使いながら、われわれは合法的だということを強弁するというようなやり方です。このアメリカの一国主義というのが、われわれとしてはいまいちばん懸念すべき状況だろうと思っています。

まず、アメリカは自国の兵士たちが処罰されることを極端に嫌うという話がありましたけれども、それ以上に、国際刑事裁判所のアイディア自体に対して、アメリカは非常に反発しているのです。ところが、これは本当はおかしな話で、アメリカはもともとは国際刑事裁判所を推進する立場だったのです。たとえば、現在あるアドホックの旧ユーゴ国際刑事法廷とか、ルワンダ国際刑事法廷とか、また東京裁判、ニュルンベルクにしても、こういうものを主導してきたのは実はアメリカなのです。

つまり、アメリカが国際刑事裁判というアイディア自体に全面的にノーと言っていると考えるのはちょっと違っていて、現在のような政治情勢のなかでそのような態度をとっているというのが、たぶん本当のところだろうと思います。

先ほどの最上さんの話にもありましたけれども、アメリカはもともと拷問をやっていた。しかし、やっていたことについて反省もしていないし、それを輸出もしていたという国なのですが、そのことについても認めたがらない。それが明らかになっても沈黙を押し通す。そして自分たちの責任はとらないということをずっと続けてきていると思います。

問題は、そのようなアメリカに対してわれわれに何ができるかということなのですが、まず1つは、アメリカにも司法システムはあるわけですから、それをきちんと使っていくということがどうしても必要だろうと思います。つまり、アメリカはアメリカで自分たちでちゃんと責任をとると言うのであれば、まずはそこから始めてもらいたい。

それから、アメリカが国連などの場面でかなり勝手な動きをしますが、それに対しては全面的な対立をするのではなく、各国の間で交渉をしていくことになるだろうと思います。たとえば、EUはすでにアメリカに対してそのようなアプローチをしていますし、全世界的に同時にアメリカの一国主義に対する反発も発生していますので、アメリカの一国主義がこのままずっと続くものでもないだろう、また、アメリカの中にも異論はあるだろうというふうに思っています。

広がってきたジェンダーの視点

東澤 ありがとうございました。
西野さん、伊藤さん、アメリカ以外の問題についてはどうですか。

西野 いま世界がはたしてよい方向に向かっているのだろうかということについての議論は具体的に論じる必要があると思います。そこで、この問題を考えるにあたって、少し視点を変えてみたいと思います。

いま私たちは、武力紛争あるいは侵略戦争や民族紛争を含めてですが、それらの枠組みの中で暴力の問題を考えようとしている。その枠組みの中で暴力の根絶を考えようとしている。紛争下の暴力をどう裁くのかを考えようとしている。しかし、性暴力というのは、非日常的な、極端で、特異な状況の下でのみ起こる出来事なのかという問いがあるわけです。つまり、戦時下、武力紛争下での、女性に対する人権侵害というのは、実は日常の反映ではないか、という視点ですね。日常、女性たちがどのような人権状況のなかで生きているかが、戦時下、武力紛争下に現れるという見方も必要であると思うわけですね。

それから、アメリカという大国だけが問題なのかというと、それについても視点を広げる必要があると思うのです。たとえば、西アフリカのリベリア、ギニア、シエラレオネで最近、何が起こったか。国連難民高等弁務官事務所が発表した、非常に驚くべきニュースがあります。それらの場所で、国連難民高等弁務官事務所や国際平和維持軍の兵士、あるいはそこで働くNGOの人たち、多数の現地職員など、約40の組織の70名以上の人たちによって、現地の女性が援助物資と引き換えにレイプされていたのです。また、コンゴでも、コンゴ国連監視団が、現地の少女たちを同じように見返りとしてレイプしていたという事件が発覚しています。

こういった状況を見たときに、アメリカという1つの不正義の象徴だけに気をとられるのではなく、構造的、権力的な構図において何が性暴力を生み出すのかということを明らかにしていく必要があるだろうと思います。いま、その視点が国際的に広がってきたという意味では、国際社会の人権意識の成熟に希望を見ています。

東澤　国が悪くて国際機関がいいという単純な図式ではなく、そういった国際協力のなかで行なわれている活動にも同じような性暴力がはびこっている。いったいこれは何が問題なのかと、どこを断ち切っていかなければいけないのかという、重大な問題提起をしていただいたように思います。

　伊藤さんからもコメントをいただきたいと思います。

アメリカの持つ2つの側面

伊藤　世界がよいほうに向かっているのか、悪いほうに向かっているのか、それは両方の波があります。いいほうにも向かっているし、悪いほうにも向かっている。ではどうなるか。それを決めるのは両者の力関係です。どっちが力を持つかの力関係で決まるということです。

拷問を輸出したアメリカ

　アメリカは生まれたときから膨張を自らに使命として課している国です。マニフェスト・デスティニー（明白なる宿命）という言葉があって、「アメリカがやることはすべて正しいのだ。わが国が広がっていくということは神が定めた宿命である」と言っています。こんなことを19世紀から言っているわけです。同じ頃にモンロー主義の宣言がありましたよね。自分のテリトリーを決めて、そこに領土を広げていく。いまアメリカは、それを世界中に拡大しているのであって、世界中がアメリカに従うとき世界は安定するという考えを実行しているわけです。

　昔、パナマ運河がまだアメリカ領であった頃、あそこにエスクエラ・デ・ラス・アメリカス（米州学校）という軍事学校がありました。アメリカ軍が運営し、中南米の軍人を集めて、そこで何をしたかというと、拷問の仕方を教えたのです。クーデターの仕方を教えていたのです。そこを卒業した生徒が、たとえばアルゼンチンの軍事政権の大統領をやった。それから中米のエルサルバドルの将校は、「死の部隊」という殺し屋集団を軍部内に組織して、政府に反対する市民を次々に虐殺したのです。

　その拷問の仕方をいま、グアンタナモ基地でやっているし、イラクのアブグレイブ刑務所でもやった。そのエスクエラ・デ・ラス・アメリカスは、いまはパナマからアメリカのジョージア州に移って、現在も存在しています。そういう非人道的な

ことをアメリカは現にやっているのです。だから、アメリカというのは素晴らしい民主主義の国だという宣伝を鵜呑みにしないほうがいい。

何十万人もの反戦デモが起きるアメリカ

　しかし同時に、アメリカにはもう1つの側面があるのも事実です。みなさん誤解していません？　テロがあって以降、アメリカ中がブッシュに賛成していて、アメリカはもうみんなブッシュ一辺倒なのだと、そう思っていませんか？　違いますよ。ブッシュは再選されたけれども、ブッシュの得票率は51％しかなかったのです。
　戦争をしているときの大統領を「戦時大統領（ウォー・プレジデント）」と言いますけれども、アメリカでは、歴史上、戦時大統領はだいたい7割くらいの得票率なのです。戦争をしているときは、反対の立場の人でも、国に結束しようと一応そのときの大統領に投票するものなのです。しかし、ブッシュが再選されたときは、アメリカの歴史上最低の得票率でした。
　さらに、ブッシュの支持率はその後だんだん落ちていって、2005年9月現在は40％台になっています。そしていまは、「イラク戦争は間違いだった」と言う人のほうが、「正しかった」と言う人を上回っています。そうした動きは、決してつい最近始まったわけではない。イラク戦争が始まる直前の2003年3月に、アメリカ中で反戦デモが起きました。ニューヨークで38万人、ロサンゼルスで10万人、サンフランシスコでは市民の3分の1の25万人が参加しました。戦争が起きる前に反戦デモが起きたなんて、これはアメリカの歴史上初めてです。市民は動いているわけです。何かおかしいなと思っている。
　あるいは、あのテロが起きた直後、アメリカの連邦議会で大統領に戦争権限を与えるという決議が上院、下院で可決されたことがありました。そのなかでただ1人、バーバラ・リーさんという女性下院議員が立ち上がって反対したのです。彼女は、「自分は、連邦議会の役割は大統領が暴走するのを抑えることだと思っている。その役割を議員が放棄してどうするんだ」と言って、たった1人で反対票を投じたわけです。
　その後、彼女はごうごうたる非難を浴びました。でも、彼女は怯まずに、ずっとその主張を続けた。そうしていたら、彼女の言い分が正しいのではないかと考える人がどんどん増えていき、翌年の議員選挙では、彼女はなんと8割の得票率という圧倒的な票で再選されました。そんなふうに頑張っている人もいるわけで

す。そして最近では、頑張っている人の数のほうが多くなってきているのです。アメリカは変わります。決してブッシュのままではない。

アルゼンチンの市民の力

伊藤　それからもう1つ、市民の力について言いますと、南米で軍政があった頃あちこちでひどいことがあったと先ほど言いましたが、チリの隣のアルゼンチンでも、1970年代に軍事政権の下で3万人の市民が虐殺されました。軍隊が反対派の市民を飛行機に乗せて、生きたまま飛行機の上から海に落としたのです。「死の飛行作戦」と言いました。そんなひどいことをやっていたのです。

　そうしたところ、1982年にアルゼンチンはフォークランド戦争を起こし、負けて軍政がつぶれ、民主化した。そして軍事政権がやったことを国民として追及しようという動きが起こった。その動きを起こしたのは誰かというと女性たちです。女性の市民です。

　1977年、軍政の力が最も強い頃に、夫と息子を殺された女性たちが、毎週木曜日に大統領官邸前の五月広場で沈黙の行進を始めました。最初はたった14人だったのです。雨の日も、風の日も、雪の日も、毎週木曜日になると午後2時からその広場で行進するのです。最初は、行進している女性たちに軍人が寄って来て鉄砲を突きつけたのです。それでも彼女たちは、連れ去られた夫の写真を首から下げて、「正義を実現しろ」と唱えて行進したのです。私はそこに何度も行きましたけれども、行くたびに歩いている人の数が増えていました。この行進はいまも続いています。いまでは何百人にもなっています。

　そういう動きが実を結ぶわけです。いまアルゼンチンでは、国際機関に頼らずに自分たちの力で軍人を裁こうとしています。現に軍政時代の大統領は終身刑を宣告されました。軍司令官も終身刑です。さらに今後、軍事政権のトップだけではなく、実際に人を殺した軍人たちも裁くことになっています。

　多くの軍政は自らの政権を手放す間際に、後で訴追されないように、「軍事政権時代に起きたことは全部水に流そう」と恩赦法を作ります。アルゼンチンの場合も、軍政後にアルフォンシン政権という民主政権ができたときに、まだ軍の力があったので恩赦法を作りました。しかしその恩赦法は、ついこの前の2005年6月に、アルゼンチン最高裁によって憲法違反であるとの判決が下されました。

アルゼンチンがここまで来れたのは、あの勇気ある14人の女性がいたからです。そうした市民の作る流れが、結局この世の中を変えていく。だから最初の問いに返ると、アメリカによる一国支配の流れはもう数世紀続いているわけですが、それに対してそれを変えていこうという市民の動きもあるわけです。そして、それがいまやグローバリズムの時代になって世界的になっていますよね。地雷禁止国際キャンペーン（ICBL）などは、始めたのは普通の市民ですよ。その市民の動き、NGOの動きが世界の風潮を変えていく、そういう時代にわれわれはいまいる。

　肝心なのは、そのときに自分はどちらに参加するかということなのです。世界を支配する権力を得ようとする側につくのか。それとも、社会正義を求める自由、人権、民主主義――僕はこれがキーワードだと思っていますけれども、そういう世の中を作るほうに行くのか。どういう社会を作りたいのか。どういう生き方をしたいのか。社会とか国家とかというよりも、まず自分の生き方の問題だと思うのです。そして、その入る人の数が増えたほうの流れが強くなるのだと私は思ってます。

市民に何ができるか

東澤　力強いお話をありがとうございました。伊藤さんの話を聞きながら、私も南米のことを思い出しました。3年前ペルーのリマから山奥のほうに、フジモリ政権の下で虐殺された大学生たちの殺害現場の写真を撮るために、殺害された学生の妹さんと一緒にずっと現場を回ったことがあります。現場を回りながら、拉致の場所、遺体の発見、そしてその後長年にわたる真実を求める活動の話を聞きながら、いったいこういった問題は最終的にどういうかたちで解決されるというのだろうか、われわれ市民が声を上げることがどのような力になるのだろうか、というふうに思いました。

　それは日本軍の「従軍慰安婦」の問題を調査するなかでも思ったことです。被害者のおばあさんとフィリピンの山奥のほうに密林をかき分けて進み、そこで監禁され、性暴力を受け、そして生き延びた話を聞きながら、なぜ彼女らが、日本軍からそのような扱いを受けなければならなかったのか、なぜいままでこの問題が公にされてこなかったのか、と強い憤りと絶望感にとらわれたことがあります。そうした問題を考えるときに、重大な人権侵害を闇に葬らせないためにいったい

市民がどういった役割を果たせるのだろうかというのは、本当に重要な問いだと思います。
　いま、伊藤さんのほうから回答の一端を言っていただいたのですけれども、ほかのみなさんにも、市民社会がいったい何ができるのだろうかというところについて、簡単にコメントをいただければと思います。

女性たちの動き
西野　市民が何ができるかということですけれども、逆に、いままで市民は何をなしてきたのかというところから考えてみたいと思います。たとえば「不処罰の循環を絶つ」という観点で言えば、1993年のウィーン世界人権会議を思い出すわけです。そこでは、「女性の権利は人権である」ということがスローガンとして掲げられました。そして、女性に対する暴力の特別報告者を国連人権委員会の中に作りましょうということになり、ラディカ・クマラスワミさんが任命されたのです。
　その後、ユーゴやルワンダなど、世界では間断なく暴力が繰り返されていたわけですが、そうした状況を背景に、1997年に世界の女性たちが東京に集まりました。世界20カ国、40数名の、世界の武力紛争の下で女性に対する暴力の根絶に向き合っている人々が東京に集まり、なぜ戦時性暴力は繰り返されるのか、どうしたら根絶できるのかを議論したわけです。その97年の国際会議は、2つの大きな動きを生み出しました。
　1つは、国連人権委員会特別報告者のクマラスワミさんに対する情報提供です。世界の女性たちがいま各地で何が起こっているのかを報告しあい、それを提供していったというのが1つ。もう1つは、この会議ではVAWW－NETインターナショナルという戦時性暴力の根絶に向けた国際ネットワークが立ち上がりました。VAWW－NETジャパンというのは、そこから生まれたものです。そういった「不処罰の循環を絶つ」という意識の共有が、女性国際戦犯法廷開催へとつながっていったわけですが、この流れは大きな成果でした。
　とはいえ、「不処罰の循環を断つ」取組みは、すでに世界の女性たちが行なっていました。たとえば、国際刑事裁判所規程には性暴力が犯罪だということが盛り込まれましたが、それを実現するために、女性に対する暴力が戦争犯罪だということを規程に明記するようにというキャンペーンが、「ジェンダーの正義を求める女性コーカス」（国際刑事裁判所規程にジェンダーの視点を確保するために

1997年に設立されたNGO)を中心に行なわれてきたわけです。暴力の解決は平和的な手段でなければならないという思想的転換に、女性運動は大きな影響を与えてきたと言えます。

それからもう1つ、女性国際戦犯法廷が終わったときに、21世紀はおそらく民衆法廷の時代になるだろうという推測がありました。国際刑事裁判所は過去の問題には遡及しないわけです。取り残された過去の問題に対して正義はどのように実現することができるのかという課題において、民衆法廷は大きな注目を浴びるようになったのです。

イラクでは、さまざまな暴力がブッシュの「テロへの報復」という正義の名の下に正当化され、繰り返されてきました。この不正義に対する、あるいはアフガニスタンへの攻撃の責がまったく問われていないことに対する世界の批判が、イラク民衆法廷、アフガニスタン民衆法廷につながりました。つまり、国際法は決して権力のみが使うものではないということです。この間、国際法は市民社会の道具であるという議論がなされてきており、民衆法廷というのはまさに「国際法を市民の手に」という1つの試みであったと思います。これからの市民運動は、国家、国籍、人種、民族を超えたグローバルな運動をもって国際規範、価値観を形成していくうえで影響を与えていくだろうと感じています。

私たちが気をつけておかなければならないこと

最上 市民社会が有用な働きをするようになっているというのは、本当にそのとおりだと私も思います。では、それを推し進めていくときに何を乗り越えて何に注意すべきなのかというと、2つだけ考えておきたいと思うのです。

1つはやはり人間の心の問題で、まだ多数の人間の心の奥底には、軍や戦争というものはやむをえず残るものだという考え方があるのではないか。軍や戦争を容認するかぎりは、たとえば戦争が起こってしまったらある程度のことはやむをえないという考え方になります。

このことを思いますのは、1995年に、沖縄で小学校4年生の女の子が3人のアメリカ軍兵士に輪かんされたというひどい事件があり、そのころ都内で講演を頼まれて、その問題を絡めてお話をしたことがあるのです。こういうことがあってはならないと言ったわけですが、そのときに聴衆の1人で70代の半ばぐらいの男性が立ち上がって、「自分は沖縄で起きたことはいけないと思う。反対だ」という

ことを言ったのです。それはいいのです。「ただ、いわゆる従軍慰安婦の問題は、あれはしようがない。そういう区別をきちんとすべきだ」という演説を始めたのです。そして、「沖縄の場合は、平時にやった行為、要するに強かん行為である。それに対して従軍慰安婦の問題は、戦争中なのだから、男にはそのぐらいのことはさせなければいけない。これは認めるべきだ」という発言をしたのです。

それに対して、当然「あなたは何を言うんですか」という反論がたくさん起きてきて、その男性のほうが「俺の発言の自由を封じ込めるのか」とかすごい議論になり、講師の私をそっちのけにして、聴衆がワァワァ大騒ぎになりました。

しようがないのでこちらも黙って見ていたのですが、15分ぐらいたったら1人の女性が立ち上がって、「そうだ、先生に聞いてみよう」。聞かれても、こちらもなんだかわけがわからなくなっていたのですが（笑）。

要するに問題は、そういう考え方がまだ残っているのだということです。戦争というものは、始まってしまったらある程度のことは認めてやらなければしようがないという、変な割り切りが残ってはいないか。残っているのならば、軍や戦争という制度そのものに根本的に何かおかしいものがあるのだろう。その根本のところから正さなければ、問題はなかなか解決しないだろう、と言えるだろうと思います。そこにわれわれも、自分自身の問題として気をつけておかなければいけない、ということが1つです。

もう1つは、先ほど西野さんが、国際法を市民の手に取り戻すことが必要だということを言われて、私などもそれはまったく共鳴するのですが、国際法の世界というのはなかなか古くて難しいものなのです。それで、市民の立場からも国際法の専門家に十分注意を払ってほしい、ということになります。

つまり、いま起きていることとの関係で言いますと、正しい戦争といった考え方に、国際法学者というのはわりあい弱いものなのです。「正しい戦争というものがある」と肯定したからといって、「正しい戦争の中では何をやってもいい」という乱暴な結論を導く人はそうたくさんはいないのですが、正しい戦争というものが国際法上存在するという考え方に関しては、国際法学者は一般的に弱い。

でも、そういう正戦という考え方が出てきたときに戦争はしばしば歯止めがなくなってしまうのだ、ということはよく考えておいたほうがいいと思います。私は国際法の専門家ですが、専門家だからこそ、武力行使の正当性を簡単に肯定しないように自分自身を戒めています。正戦という言葉はなるべく使わないようにしてい

る。正戦という言葉を使う人がいたら、一応は「これは眉つばだぞ」と考え、「この人は国際法を市民の手に返すのではなくて、市民の手から奪おうとしている人かもしれないぞ」ぐらいのつもりで話を聞かれたほうがいいだろうと思います。

市民社会の充実をめざして

寺中 みなさんいろいろお話しされたことですので、繰り返しは避けます。まず、市民社会が何ができるかと言えば、とにかく市民社会がなければ国が成り立ちません。だから、国がいろいろなことを動かしていくためには、その背後にきちんと市民社会が成立しているということが条件です。しかし、残念ながらこの市民社会が日本では弱いのです。そのなかで、国は場合によっては市民社会を利用していくようなことをやりかねません。

そこで、市民に何ができるかということなのですが、アムネスティに入ってください。いまのアムネスティ日本は7,000人ぐらいしかいません。つまり7,000人ぐ

2005年9月、グアンタナモ米軍基地の拘禁施設の閉鎖を求め、フランス・パリのアメリカ大使館前で抗議を行なうアムネスティ・インターナショナルのメンバー。写真：AI/Pierre Gleizes

らいの意見しか持てません。これで国の政策を動かせると思いますか？　無理です。7万人だったら違うかもしれません。70万人だったらもっと違うでしょう。700万人だったら全然違います。

　だから、みなさんぜひアムネスティに入ってください。もちろんアムネスティだけではなく、VAWW-NETに入っていただいても結構なのですが、要は日本の市民社会の幅を広げないと、国がきちんと国際社会の中で役割を果たしていくことができないのです。だから、その第一歩から次の市民社会の考え、次の国際社会というものを作り出していく、そういう運動にしていってほしいと思います。

国際刑事裁判所における被告人の人権保障

東澤　さて、会場からは20通近い質問が来ています。最初に、非常に根源的な問いかけがありましたので、これは最上さんにうかがいたいと思います。

　国際刑事裁判のシステムにおいて、逆にその対象となる被告人の人権はどうなるのかというご質問です。大規模な人権侵害があったとして、その責任は個人だけに着せていいものなのか。国家が背景にあるにもかかわらず、対象となった被告人個人の人権を無視して裁いていくという制度は、はたして正しいのだろうか、ということですが。

最上　貴重なご指摘だと思います。この点は私が折りに触れて言っているのですが、こういう刑事裁判所は「いい、いい」とだけ言って済ませていてはいけない要素があります。ある意味で裁きの文化をどんどん広めるだけのことであってはならないだろうと。裁きの文化というものは、制度のすべてが公平であるということが確保されてはじめて正義の実現に役立ちうるわけで、その仕組みのどこかに穴があったら、駄目になってしまう可能性があるものなのです。

　それは旧ユーゴ国際刑事法廷でもすでに問題が出ていまして、そもそも裁判官や検察官が国際的な構成になっているとはいうものの、ユーゴの人間たちがなぜはるばるオランダのハーグまで運ばれて、そこで同時通訳を聞きながら裁かれなければならないのか。裁かれるにしても、もうちょっと普通の裁かれ方があるのではないかという反省はあるのです。そういう意味で、被告人の人権が100％保障されることにはなっていない。被告人の人権を何％か犠牲にしてでも、旧ユー

ゴで起きた虐殺行為を国際的に裁くということを、とりあえず妥協的に優先したというのがあの裁判の根本なのだろうと思います。

　ただ、これからもおそらく裁判の過程でいろいろな問題が出てくると思います。つまり、被告人の行なった行為についての証拠の扱いなどがやや緩いのです。必ずしも物証がはっきりしていなくても裁判を進めてしまうとか、いくつかの問題点がヨーロッパの人権法学者のなかからすでに指摘され、ああいう裁判でもきちんと被告人の人権を保障するような仕組みを固めなければいけないということが言われています。これらの問題がうまく改善されれば、という段階であろうと思います。

東澤　実は私は「国際刑事弁護士会(International Criminal Bar)」の理事をしています。これは、国際刑事裁判所で裁かれる被告人の権利や弁護権を確保することを目的のひとつにしています。重大人権侵害の責任者を裁くという理想は持ちつつも、そこで裁かれる者の人権がないがしろにされてはいけないということで、国際刑事裁判所で被告人の弁護人、被害者の代理人をする弁護士のために、世界中の弁護士、弁護士会——日本からは日弁連が入っているのですけれども——等が集まって、さまざまな基準作りをしているところです。正義に基づく裁きを行なう場合には、その手続きも正義に適ったものでなければならない。私たちはそう考えています。そうした努力があることもお伝えしておきたいと思います。

国際刑事裁判所の役割

東澤　さて、国際刑事裁判所に関する質問がいくつか出ていますので、これについては寺中さん答えていただけますか。まず、日本政府が国際刑事裁判所に加入しないのはいったいなぜなのかという質問。さらには、平和を作り出していくうえで、国際刑事裁判所が事後的に責任者を裁いていくことにはたして意味や効果があるのであろうか。あるいは、むしろそういった国際的なシステムよりも、国内できちんと人権侵害を裁くというシステムのほうが重要なのではないだろうかというご意見もあります。

寺中 いちばん最後のご質問からお答えしますと、まさにそのとおりです。つまり、国内できちんと裁きができるということが前提です。それができないときに、例外的に国際刑事裁判所のような仕組みを発動するというのが基本的な考え方です。ですから、まずは国内の法制度を、国際的なスタンダードに沿ったかたちで整備していくことが最優先だということになります。

それから、なぜ日本政府が国際刑事裁判所に加入しないのか。日本は署名もしていません。それまでずっと「賛成だ、賛成だ」と言い続けていたにもかかわらず、署名せず、そしてまた批准もせず、加入もまだしてないという状況です。一応、日本政府による公式の説明では、国内法整備がまだ済んでいないからだというふうに言っています。

しかし、この国内法整備については、実はいろいろな考え方があります。加入してから国内法整備をするという方策は十分にあるわけでして、実際そういうふうにして加入している国もあるのです。ですので、日本政府の現段階での立場というのは、ある意味では勝手な判断が前提になっているわけです。

このように、公式的な説明だけからでも日本政府の政策的な判断というものがあることをうかがい知ることができるわけですが、しかしながら一応、与・野党ともに政治の場面では、国際刑事裁判所の早期批准が日程に上っています。それから、川口順子外相（当時）がかつて「3年以内に加入します」と非公式に表明したりもしたと聞いています。

ただ、その3年の期限は今年（2005年）来てしまうので、その可能性はちょっと低いと思われますし、その努力が現段階でどこまで来ているのかわからないということで、市民からの働きかけがどうしても必要なところだろうというふうに思います。

それから事後的に国際刑事裁判所で裁くことによって、人権侵害を予防、解決できるのかというご質問ですが、はっきり言えば裁判は裁判でしかありません。裁判にあまり多くを期待しても、そういう意味では過大な期待です。

国際刑事裁判所がありさえすればすべてが解決できるのではなく、むしろこれを実効的に機能させるためには、各国がこれに加入し、国内的な法整備を行なうこと、さらには、市民社会がそのためのフォローアップも行なうということが必要なのです。つまり、免責を許さない、そして人権侵害を許さない、そういう文化を醸成していくということが重要で、そのために事後的に事件に対して対応す

る裁判システムを、まず最初のステップとして持とうというのが、この国際刑事裁判所の制度だと思っています。

国際法の観点から見る国際刑事裁判所に対する疑問

東澤　では、国際法に関わる質問がいくつか来ておりますので、最上さん、お願いします。
　1つは、アメリカが国際刑事裁判所に反対していると言っていたけれども、旧ユーゴ国際刑事法廷はアメリカが促進して作っているではないか。なぜアメリカは一方に反対し、一方は推進しているのかという質問です。
　それともう1つは、たとえばドイツが普遍的な管轄権を持つといって他国の権力者を裁いたときに、その有罪判決は実際には執行できるのか、という質問です。
　3番めに、最近、戦争が民営化されてきているなかで、そういった者たちが重大な人権侵害をした場合に、いったい国際法は対応できるのか、国際刑事裁判所はそういったものに対して対応できるように作られているのか、という質問です。

アメリカが国際刑事裁判所に反対する理由
最上　みなさんの関心が非常に高いのだということがよくわかります。
　まず、アメリカの対応ですが、これは理由ははっきりしていまして、旧ユーゴ国際刑事法廷というのは、旧ユーゴで起きた、しかも時間を区切った行為だけですので、アメリカの兵士が訴追される可能性はほとんどゼロなわけです。
　それに対して国際刑事裁判所は、場合によってはアメリカの兵士が訴追される可能性があるわけで、アメリカの政策は、「国際刑事裁判をやれ。ただし、そこでアメリカの兵士は訴追するな」というきわめて一貫したものなのです。ですから、アメリカが何度も求めているように、アメリカの兵士だけは国際刑事裁判所に訴追しないという約束さえ与えれば、アメリカはすぐにでも加入するだろうと思います。しかし、そういうやり方にはほとんど意味がないわけで、国際社会もそれに乗らないでいるということなのだと思います。

他国で裁くことの実効性
　それから、2つめのご質問で、第三国、たとえばベルギーやドイツが裁いてど

れほど意味があるのかということなのですが、ベルギーの場合には、ルワンダの旧宗主国ですから、たまたま被告人4人が元の宗主国に不用意に引っ越していたために、彼らは有罪判決が出た後、収監されてちゃんと服役しました。ですから、このときは実効性があったのですが、それ以外の場合でどれぐらい有効かと言われると、あまり実効性が期待できない場合もあります。欠席裁判で判決だけは出すけれども、当の被告人がいないのだから、有罪判決を出しただけで終わってしまうという可能性もありますので、その場合には形式的なことになってしまうと思います。

　それがまったく無意味なことなのか、それとも、国際法上これらの行為は許されない行為で、有罪になるという記録を積み重ねることに意味があると考えるべきなのか。そのあたりは少し難しいだろうと思います。普遍的な管轄権をどう実現していくのかを、いくつもの国際機関やいくつかの国が、いま試行錯誤しているところだと考えるべきなのでしょう。

　ただ、少なくとも私は、「あんなことをやっても意味がない」という割り切り方はしないで、ベルギーやドイツの動きを見ています。やや無理があるとは思いますが、まったく無駄なことをやっているという気はしません。

戦争の民営化にどのように対応できるか

　それから最後のご質問で、戦争の民営化の問題ですね。これは本当に深刻な問題になっています。現在、イギリスやフランスを中心に、傭兵派遣会社がどんどん規模を拡大しています。そこでいま、真っ先に注目し、強化しなければならないものが1つあります。それは、国連ですでに採択されている傭兵禁止条約です。採択したきり、その運用をみんながまじめに考えようとしてこなかった条約があるのです。

　この傭兵禁止条約をきちんと運用していくようになれば、その傭兵を雇った国は国際法上の違法行為を犯すことになります。なにしろ傭兵が国際法上違法な行為だということははっきりしているわけで、まずはそれを貫くことをしっかりしなければいけないだろうと思います。

　それから、傭兵が人道に対する罪を現地で犯した場合にどうなるかと言えば、国際刑事裁判所で裁くことがいまの規程で十分可能だろうと思います。ただ、なにしろ組織がはっきりしていないところですから、その人間たちの逮捕などといっ

たことについてもなかなか難しい。たとえば旧ユーゴの場合ですと、実際の逮捕にあたっているのはNATOの軍隊なのですが、そういうことが傭兵の場合にはどこまでできるかということは問題になるだろうと思います。

紛争地におけるメディアの役割

東澤 次に、伊藤さんにも質問がいくつか来ております。1つは紛争地におけるメディアの役割とは何か。真実を伝えること以外にいったいメディアは紛争地において何ができ、何をしてはいけないのか。そういった点について、これまでの体験に根ざして何か思うところがあればお話ししていただきたい。

　もう1つはご意見ですが、先ほどどちらにつくのかという話をされましたが、それではブッシュと同じではないか（笑）というようなコメントがありまして、どちら側につくかというのはわかりやすいけれども、やはりそう簡単にも割り切れないのではないかとの質問です。いかがでしょうか。

伊藤 真実を伝えるほかにとおっしゃいましたが、メディアの役割は真実を伝えることしかないのです。これだけです。本当に何が起きているかをいかに伝えるかというのがわれわれの役割です。

　それで思い出すのは、アフリカで撮られた「ハゲタカと少年」という1枚の写真です。あるカメラマンが、いまにも飢えて死にそうな少年の側にハゲタカがいる写真を撮った。そうすると世界中から、「こんな写真を撮るよりは、その少年を助けるべきだ。それが人間として当然ではないか」といった非難が溢れ出てきて、このカメラマンは自殺をしてしまった。

　でも私は、このカメラマンの行為は正しいと思っています。目の前の真実を伝えること、それがメディアとしてやるべきことだと思います。もちろんそこでさらにその人に余裕があれば、少年を助けるということができたのでしょうけれども、飢餓という状態のなかで、その少年のみが死にそうになっているわけではない。何百万人という人がそこで飢餓の状態にある。たった1人のカメラマンが何百万人も助けられるわけがないじゃないですか。しかし、その1枚の写真が世に出たからこそ、こういう悲惨な事実がここにあるのだということを世界の人が知るきっかけになったわけです。そして知った人の何人かは、それに対して自分は何か行動

を起こそうという気になる。

　基本的にまずメディアがやることは、真実を知らせるということです。そしてそれに専念するということです。私はそれ以外ないと思っています。というより、ほかにやることがあったら、もっとそれに専念すべきだと思っています。

　それから、どっちにつくかという点で、私が言ったことはブッシュと同じではないか、簡単に割り切れないというご意見ですが、私はそう思いません。人権の闘いに中立はないと思っています。

民衆法廷の有用性

東澤　西野さんには民衆法廷についての質問が来ています。先ほどちょっと触れていただきましたが、女性国際戦犯法廷をはじめとする民衆法廷を市民が開いていくことにはどういった正統性があるのか。はたして市民がそんなことをやっていいのか、と。次に、実際の法廷においては国際法が適用されると思うが、きちんと適用されたのか。さらには、そこで判決が出たからといって、執行されるものなのか。執行されないなら、どういう意味があるのか、というご質問です。

西野　民衆法廷を開いていいのかということがご質問の真意であるとするならば、それは国際法というのは国際機関あるいは公的な機関のみで執行する秩序だという考え方に根ざしているものと思います。民衆法廷は、もちろん法的拘束力はありません。しかし、人権侵害に対して、国際法の下でそれが犯罪であるという審判を民衆の手で下していくことは、民衆法廷の正統性を否定する議論とは別物です。

　判決に執行性があるのかとのご質問に対しては、もちろん判決に執行性なんかないわけですね。いま、安倍晋三氏、中川昭一氏をはじめ複数の自民党有力国会議員が、NHKの番組に対して政治介入をしたということで、大きな問題となっていますが、安倍氏は自らの行為を正当化するために、女性国際戦犯法廷を歪曲する発言を繰り返してきました。法的拘束力がないとか、茶番劇だというような言い方で「法廷」を貶め、そんなものを番組にしようとしたNHKこそが問題なのだという論法です。

　しかし、民衆法廷は模擬裁判ではないのです。国際法に基づき、民衆がその

犯罪にジャッジメントを下したのです。民衆法廷には、たしかに法的拘束力も刑の執行という強制力もありません。しかし、犯罪を裁くということまでが閉ざされているわけではないのです。世論を作っていくうえで、民衆法廷は決して無力ではないのです。

　この間、イラクで人質になった高遠菜穂子さんがメディアのインタビューで、「市民はまったく無力なわけではない。微力なだけだ。無力と微力は同じではない。微力が、大きな動きを生み出すこともあるのだ」とおっしゃっていましたが、ラッセル法廷もベトナム戦争終結に影響を与えていったわけです。民衆法廷は、沈黙を許さない市民の闘いです。沈黙は、不正義を容認するということでもあります。つまり、行なわれている不正義を許さないというひとつの意思表示として、民衆法廷は大きな意味と意義を持っていると思います。

いま私たちにできること

東澤　それでは、残りのいくつかのご意見、ご質問をご紹介させていただいて、最後にパネリストの方々から会場のみなさんに、この議論を踏まえてのコメントをいただきたいと思います。

　まず、国連改革において安保理の実効性、正統性を高めることも大事だけれども、人権保障システムを高めることも大事ではないか、たとえば人権委員会を人権理事会に格上げするということもひとつの手ではないだろうか、というご意見です。

　次はご質問で、イギリスでのテロ事件への対応のように、市民社会の安全を守るという名目のために人権が制限されようとしている事態を、いったいわれわれ市民社会はどう打開していったらいいのか。

　もう1つ、これは非常に根源的な質問で、「中高生の私たちにもできることってありますか」という非常に心強いご質問が来ております。

　これらも踏まえながら、みなさんの今日の議論を締めくくるコメントをお願いします。

世界で起きていることを知ること

伊藤　中高生にできることが何かあるかどころか、いっぱいあります。いちばん

大切なことは、事実を知るということだと思います。世界中のいろいろな不正義、人道に違反していることを見たら、これはおかしいじゃないかと思うでしょう。そういう現場を私はこの20年間ずっと見続けてきたのです。

　だから私は、人権が侵されている社会は嫌だと思うのです。それを正したいと思うのです。しかし、もしいま、世界で何が起きているのかを知らなかったら、別にどっちでもいいやというふうに思うのではないでしょうか。いま日本は平和で、たとえば隣に死体が転がっているといった80年代の中米のような状況はないけれども、この地球上には、いまこの瞬間にもレイプされたり殺されたりしている人がいるわけです。

　そういう実状をもっと知ってほしい。しかし、自分で努力しないと、真実を知ることはできません。ただぼーっとしてテレビのバラエティー番組を見ているだけでは、世界の情報は入ってきません。知るためには、自分の努力が必要です。

　幸いこの日本という国は、出版物にしろ放送にしろ、いろいろな方法でいろいろなメディアが、いま世界で起きていることを伝えています。だから、日本にいても、自分が知ろうと思えば世界のことを知ることができるのです。その努力を若いうちからしてほしい。

　そうすることによって、いま世界で何が起きているのかがわかる。わかることによって考える。どういう社会を自分が求めるのかという意見がそこから出てきます。そして、こんな嫌なことが二度と繰り返されないように、そういう社会を作りたいというエネルギーになると思うんですよね。少なくとも私はそうなっています。

　だから、まず知ってほしい。中高生にはそのエネルギーもあるし、時間もある。そして知ったうえでそれを行動に移す、その時間もまたこれから先いくらでもあるじゃないですか。そういう知る努力をしてほしいと思います。

自分の意見を持つこと

西野　実は私はジャーナリストを育てる学校で講師をしてきました。初めての授業で私の話を聞いた学生には、2つの反応があるのです。1つは熱心に耳を傾ける学生。もう1つは警戒する学生です。公平・公正・中立な立場でものを考えたいからと言い、自分はどう考えるのかということに対しては口ごもるわけですね。

　伊藤さんが言われたように、実は私も、公平とか公正とか中立というのは非常に危うい考え方だと思っています。つまり、NHKの政治介入もまた、「公平・公正・

中立」の名の下に行なわれたわけです。そもそも「公平・公正」という言葉はその人の価値観でどうにでも変貌する。そこで、中高生のみなさんにということですが、私はこう考えるという自分の意見を、自分の考え方をはっきり持つということを大事にしてほしいと思います。

　今年は中学歴史教科書の採択をめぐり攻防が繰り広げられました。そろそろ最終的な結果が出る時期ですが、今日の段階では扶桑社の「新しい歴史教科書をつくる会」の歴史教科書が77校5,080冊、約0.43％採択され、同会の公民教科書は43校2,560冊、約0.21％採択されたということです。同会は10％を目標に掲げていましたから、それを抑えられたことは市民社会の良識の勝利であるという言い方もできますが、一方では手放しで喜べないというのが本音です。

　というのは、2000年に初めて扶桑社のつくる会の教科書が採択の場に登場したときは採択率は0.03％でした。しかし、今回は0.4％、10倍以上です。77校の5,080人の子どもたちがこの教科書で学ぶことになったのです。5,000人を超える子どもたちがこの教科書で学ぶのだと思うと、気持ちが重くなります。今回、

女たちの戦争と平和資料館

どの教科書からも「慰安婦」という言葉は消え、本文に関連記述が残ったのは日本書籍新社1社だけでした。事実を知ることが大事だと言っても、学校で子どもたちがそれを学ぶ機会が閉ざされているのです。知る機会が閉ざされているという問題を置いておいて、事実に目を向けろと言っても難しい。

　2005年8月1日、私たちは、早稲田大学の近くに「慰安婦」問題と現代の戦時性暴力を記録する「女たちの戦争と平和資料館」をオープンしました。これは頭にアクティブ・ミュージアムという冠がついています。「アクティブ・ミュージアム」というのは、ドイツの過去の記憶を取り戻す市民の闘いですが、その運動に共感してつけたんですね。過去の記憶を取り戻す営みをとおして、問題に対する市民意識を変えていくという運動です。記憶を保存する「記憶の拠点」であるだけではなく、ともに考え、次に踏み出していく「活動の拠点」でもありたいと思っています。ぜひみなさまも足を運んでいただきたいと思います。

東澤　伊藤さんが言われた事実を知ること、直視することと。そして西野さんが言われたそれを考えることということ自体が、これは本当に1つの運動であり闘いなのだというのがよくわかったような気がします。

何かしたいという気持ちを持つこと

最上　中高生に何ができるかというのを聞かれたのはどなたですか。高校生？
　そうですか。そういうことを聞くだけで私は十分だと思います。たぶんあなたは、大学生になったら大学生になったそのときに、自分はただの大学生だけれども、何ができるだろうかと考えるだろうと思うのです。社会に出ても、自分は一介の会社員だけれども、何ができるだろうかと考えるだろうと思うのです。おそらくそういうことを考え続けられる人は、本当にいつかは何かをやる人だと私は信頼するし、それをそのまま続けてくれれば、それで十分だと思います。
　ただ、そのときに正しく知るということが大事です。正しく知るというのは、何を基準にものごとを正確に知り、何を基準に考えるかということだと思うのです。私の基準は、これまでの歴史の中で踏みつけにされてきた人たち、置き去りにされてきた人たちに対して、いまの世の中が本当に公平になってきただろうかということです。それが十分に実現されていなかったら、それは直していかなければならない。そのために自分は何ができるだろうと考えるのが、正しく知るということだ

と思うのです。それをやってくれれば、私は十分だと思います。1人の行動で世界が全部変わるわけではないから、自分の手の届く範囲でとりあえずはやむをえないと思います。

　ずっと以前、講演をやっていて、あるご婦人が近づいてきて、「自分は一介の主婦で、小さな2人の子どもを育てていて、平和のために何かしたいと思うのだけれども、何もできません。イライラします。どうしたらいいでしょうか」ということを聞かれたことがあります。そのときに私は、「その二人のお子さんを立派に育ててください。その二人のお子さんをほかの人間の痛みがわかる、ほかの人間に対して共感を持って接することのできる人間に育ててくだされば、あなたは十分に平和に対して貢献したことになるのですよ」とお答えしました。私は本当にそう思っています。そういうことをどんどん続けてくだされば、すばらしいことなのです。

情報や思いを伝えること
寺中　人権侵害の現場に行き、被害者の声を聞くことがあります。現場に行きまして、そこに人が来るわけです。われわれのほうではそんなに遠くまで出かけられませんから、被害者の方たちが、何十キロも離れた住まいから、いろいろなバスを乗り継いで、その途中には実はゲリラがいて攻撃を受ける可能性もあるという危険を冒してやって来てくださるわけです。

　そして私たちに、「自分の夫はまだ帰ってこない」「自分の子どもはまだ帰ってこない」という話をされるわけです。その話をされている方々は、私たちにその状況をいますぐ改善してほしいと思って来られているわけではないのです。私たちにできることは、はっきり言えば何もないです。その方々のお話を聞くことしかできません。その方々がいま受けていらっしゃる苦しみを、すぐさま「それではこういうことをしましょう」と言って、軽くすることはできないのです。

　けれども、その方々は来てくださる。なぜか。その方々が言うのです。「こういうことをみなさんに伝えてください」。だから、私たちは伝えます。伊藤さんと同じです。つまり、真実を発見し、それをみなさんに伝えるのです。ですから、みなさんにできることはまず知ること、それも絶対に必要です。考えること、これも必要です。そして、それを伝えてください。できるだけ多くの人に伝えてください。中高生だったら、学園祭で伝えてください。社会人だったら、いろいろな機会に伝えてください。私たちが出しているような情報なども含めて、いろいろな方々に伝

えてください。自分たちの声を届けてください。それが私たちにできる活動の第一歩だと思います。

　それをするためには、先ほども言いましたけれども、私たちの市民社会を広げていかなければいけない。普通の市民としての顔を私たちは大切にしたいと思っています。専門家はさまざまな動きに対して情報を提供するといったかたちで役割を果たしますが、実際に世界を変えていくのは一般市民の意識だと思います。その一般市民の意識を変えていくために、情報を知らせていってほしい。そのために専門家になるのもいいでしょう。いずれのかたちでもいいから、自分たちの思いをできるだけ多くのみなさんに伝えてください。

　それから、自分の意見を表明してください。たとえば、今日みなさんの資料の中に1枚のチラシを入れてあります。このチラシの裏はハガキになっていて、これは日本政府に国際刑事裁判所規程を早く批准してくださいと訴える国際的なアクションの一環です。いま、世界中の市民が日本政府にきちんと国際刑事裁判所に入ってくださいという働きかけをしています。日本の市民がそれに参加しないわけにはいかないと私たちは思います。

　ですので、ぜひ自分たちの知っていることをみんなに知らせ、そして自分たちの意思を表明する。この2つのことをやっていただければというふうに思います。

東澤　長時間にわたって、パネリストのみなさんには本当に刺激的な話をさまざまにしていただきました。しかし、今日の議論ですべてが終わるわけではありません。これは私たちが考えて、そしてこの先の一歩を踏み出すための始まりに過ぎないかもしれません。しかし、本日ここに集まって、聞いて、知って、そして考えたことが、そのような一歩のためのひとつのきっかけになればとてもうれしいと思います。ありがとうございました。

世界で起きていることをもっとくわしく知るための
用 語 解 説

アルゼンチン(軍事政権下)における人権侵害(1976年〜1983年)

　1976年、クーデターにより軍事政権が成立した。その後、7年間にわたった軍事政権は、自分たちに反対する側とみなした市民を誘拐し、拷問にかけ、殺害した。その数は、約3万人ともいわれ、未だに行方がわからない人びとも多い。また、軍事政権は、獄中の女性が産んだ子どもや、親と一緒に誘拐した子どもを、国内の軍人や海外に売り飛ばしたという。

　このような人権侵害は、チリのピノチェト政権やウルグアイなど、他の軍事独裁政権と協力して行なわれ、数多くの南米の市民が犠牲になった。この時期を「汚い戦争」と呼ぶ。

　息子や娘、孫を奪われた女性たちは、連れ去られた人びとの生還と責任者の訴追を求める活動を開始した。それが「五月広場の母の会」「五月広場の祖母の会」と呼ばれる運動であり、現在も続いている。

　これまで、軍部の抵抗と恩赦法により、人権侵害の責任追及はなかなか進まなかった。しかし、2005年6月に最高裁判所が恩赦法を憲法違反であるとする判決を下し、人権侵害の責任者とみられる軍・警察の関係者の逮捕命令が出るなど、新たな進展をみせている。

旧ユーゴ国際刑事法廷とルワンダ国際刑事法廷

 1990年代、ルワンダでの大虐殺や、旧ユーゴ紛争での「民族浄化」のような大規模な人権侵害が相次いで発生し、人権侵害を行なった加害者を国際社会が処罰するべきだという世論が沸きあがった。このような国際社会からの要請を受け、国連の安全保障理事会が特別決議を採択し、臨時の国際刑事法廷を設立した。これが旧ユーゴ国際刑事法廷（ICTY、1993年設立）とルワンダ国際刑事法廷（ICTR、1994年設立）である。

 ICTYは、オランダのハーグに設置され、91年以降に旧ユーゴで起こった虐殺、拷問、大規模なレイプ、強制的な移住などの、いわゆる「民族浄化」や「強制収容所」という大規模な人権侵害を命令したり、実行した人びとを裁く国際法廷である。

 ICTRは、95年にタンザニアのアルーシャに設置された。94年に起こったルワンダ内戦での大虐殺と、そこで行なわれた組織的な殺害やレイプを命令し、煽った人びと、そして実行した人びとを裁く国際法廷である。

 両法廷では、上記の人権侵害がジェノサイド（大量虐殺）罪や人道に対する罪にあたるとして、その命令者や実行者に有罪判決が出され、禁固刑が執行されている。しかし、99年のコソボ紛争における市民を巻き込んだNATO（北大西洋条約機構）の空爆について、ICTYが責任者の訴追をしなかったことや、未だに逃亡中の重要容疑者がいることなど、問題も少なくない。

旧ユーゴ紛争（1991年～1999年）

 旧ユーゴスラヴィアは6つの共和国からなる連邦制をとっていたが、冷戦後に共和国が次つぎと独立を宣言した。旧ユーゴ紛争は、スロベニア、クロアチア、ボスニア・ヘルツェゴビナの独立宣言と、国際社会による国家承認をめぐって始まった。

 1991年、スロベニア、クロアチアの独立をきっかけに始まった紛争は、92年春にボスニア・ヘルツェゴビナに飛び火した。ボスニア・ヘルツェゴビナは国民投票で独立を決定したものの、ボスニアのセルビア人勢力が反対し、ユーゴ連邦軍の支援を得て戦闘を開始しボスニア紛争が始まった。4年に及ぶ紛争の死者・行方不明者は200万人以上、難民や国内避難民は300万人以上といわれている。また後に、「民族浄化」や「強制収容所」といった大規模な人権侵害が明るみになり、国際社会に衝撃を与えた。

 1995年11月のデイトン和平合意でクロアチアとボスニア・ヘルツェゴビナの紛争は終息したが、98年2月にはアルバニア系のコソボ解放軍（KLA）とセルビア治安部隊との間に武力衝突が発生し、紛争が激化した（コソボ紛争）。99年3月、NATOが空爆を開始し、セルビアの敗北が決定的となった。現在までコソボには、国連コソボ暫定行政ミッション（UNMIK）と、軍事部門を担当する国際安全保障部隊（KFOR）が駐留している。

 旧ユーゴの紛争では、セルビア、クロアチア、モスレムのそれぞれが自民族の優位を主張して「民族浄化」と呼ばれる他民族排除の行動に出た。たとえば、セルビア愛国主義の武

装集団である「チェトニク」は、他民族の女性をレイプし、強制的に妊娠させるという性暴力を行なった。

グアテマラ内戦（1961年〜1996年）

　当初、政府軍と左翼ゲリラとの武力紛争であった内戦は、いつしか軍部による、人口の60％を占めるマヤの先住民族に対する無差別虐殺に変わっていった。村々を焼き払い、村人たちを強制収容所に収容し、洗脳教育が行なわれた。さらにマヤ民族内に軍部に協力する自警団（PAC）を作り、同族同士で殺し合いをさせた。密告が奨励され、ゲリラの協力者とみなされた者は拉致されて虐殺された後、各地に作られた秘密墓地に埋められた。

　国連の推計では、この内戦で、626のマヤの村々が破壊され、死者・行方不明者は20万人以上、国内避難民150万人、国外難民は15万人以上にのぼる。犠牲者の83％がマヤ民族に属する人びとであり、地域的にもマヤ民族が多く住むキチェ県に集中している。この民族虐殺は、500年前のスペインによる植民地化政策から続く人種差別の歴史とつながっていると指摘されている。

　軍部は、マヤの共同体や家族を支配し辱めるための方法として、レイプなどの性暴力を用いた。そして、村落の壊滅を狙い、女性たちを対象とした虐殺まで行なった。

　1996年の和平成立以後、マヤの女性たちは行方不明になった家族を捜し、また破壊された共同体の復興のために活動している。

国際刑事裁判所（International Criminal Court：略称ICC）

　1998年7月にローマで行なわれた外交会議において採択された国際刑事裁判所規程（通称：ローマ規程）に基づき、2002年7月にオランダのハーグに設立された。旧ユーゴ国際刑事法廷、ルワンダ国際刑事法廷といった臨時の裁判所から発展し、国境を越えて、各国際機関から独立して、重大な人権侵害の加害者を裁く常設の国際刑事裁判所である。

　ICCが裁く犯罪は、ジェノサイド（大量虐殺）罪や人道に対する罪（奴隷制、強かん、強制的失踪など）、戦争犯罪（一般市民の殺害など）、といった大規模で組織的な人権侵害であり、最高刑は終身禁固刑である。各国の国内裁判所がこれらの犯罪を裁くことができない、または裁く意思がないという場合に、ICCが裁くことになる。

　なお、ICCが人権侵害の加害者を裁くケースは、①加害者の犯罪がこの裁判所に入っている国（締約国）の国内で行なわれるか、もしくはその加害者が締約国の国民である場合、②国連・安全保障理事会がその事態の捜査と裁判をICCに依頼した場合、などに限られる。また、ICCが設立された2002年以前に起きた犯罪に関しては取り扱うことができない。

　現在、スーダン（ダルフール地方）、コンゴ民主共和国、ウガンダで大規模人権侵害の捜査を行なっている。締約国は100カ国（2005年12月現在）にのぼるが、日本、米国、ロ

シア、中国などの国々はまだ入っていない。

国際刑事裁判所が捜査中のケース
　ICCは現在、スーダン、コンゴ民主共和国、ウガンダにおける大規模な人権侵害事件について捜査中である。
　このうち、スーダンでは、21年間にわたって内戦が続き、多くの市民がその犠牲になってきたが、近年、スーダン西部のダルフール地方で政府軍と反政府武装勢力との間の紛争が激化した。その後、ダルフールでは、5万人以上の人びとが、政府軍と政府当局に支援された武装民兵ジャンジャウィドによって超法規的に処刑された。さらに、180万人以上の人びとが強制的に住む家を追われ、何千人もの女性たちがレイプされたという。
　こうした事態を受けて、国際社会ではジェノサイド罪や人道に対する罪にあたり、加害者をICCで裁くべきであるとの声が高まった。その結果、2005年3月に国連・安全保障理事会が、ダルフールでの大規模人権侵害について、ICCに捜査を開始するよう求める決議を採択し、ICCが捜査に踏み出すこととなった。

チェチェン紛争（1994年～）
　旧ソビエトの崩壊後、ロシアからの分離独立を求めるチェチェン共和国に対し、1994年にロシアが武力侵攻し、第1次チェチェン紛争が勃発。その後96年に和平合意が調印されたが、99年9月には第2次チェチェン紛争が始まり、現在まで戦闘は続いている。主にゲリラ戦で抵抗するチェチェン勢力に対し、ロシア軍は地対空ミサイルなどを含む無差別攻撃を繰り返し、チェチェンの一般市民の被害は甚大なものとなっている。ロシア軍による市民の強制「失踪」、拷問、超法規的処刑は日常茶飯事であり、さらに女性は性暴力の危険にさらされている。しかし責任者が処罰されることはほとんどない。一方、チェチェン武装勢力による人権侵害や市民を狙った人質事件も起きている。
　2001年9月11日以降、プーチン大統領は「テロとの戦い」を掲げ、チェチェンにおける軍事作戦を正当化しているが、アムネスティは「ロシア当局の"テロとの戦い"が、制度化された人権侵害に対する言い訳になっている」（2005年9月30日）と強く批判している。
　紛争によって数十万人もの人びとが避難を余儀なくされ、少なくとも8万人のチェチェン人が、隣接するイングーシの避難キャンプや仮居住地などにとどまっている。しかしロシア政府は避難キャンプを閉鎖し、チェチェンにおける身の安全の保障がないまま、避難民をチェチェンに強制送還している。

チリ（ピノチェト政権下）における人権侵害（1974年～1990年）
　1973年、陸海空軍および警察によるクーデターによって、チリ史上初の社会主義政権であるアジェンダ政権が倒され、アウグスト・ピノチェト将軍を中心とする軍事政権が成立

した。彼は「独裁者」と呼ばれ、その反体制派への組織的な弾圧が人権侵害として問題になっている。たとえば、裁判なしに72名を処刑した「死のキャラバン事件」、アルゼンチンに亡命中の元将軍を暗殺した「プラッツ将軍夫妻暗殺事件」をはじめ、そのほかにも当政権による誘拐・拷問・殺人の被害者は合わせて約3000人にのぼるといわれる。

　ピノチェトは90年に大統領を辞任した後も、終身の陸軍司令官・上院議員として実権を握った。98年に、チリでの人権侵害の被害者にスペイン人が含まれていたことから、スペイン司法当局の要請に基づき、病気療養のため訪れたイギリスで逮捕された。しかしその後「病気により裁判不可能」という理由により釈放された。チリに帰国後、軍政下の人権侵害に関して相次いで告発され、2005年末に「裁判に耐えうる健康状態」との診断が出たことから、現在その起訴手続きが進行中である。

　なお、ピノチェト政権下での人権侵害をめぐっては、これまでに多数の軍・警察関係者に有罪判決が下されている。

ペルー（フジモリ政権下）における人権侵害（1990年～2000年）

　ペルー共和国のアルベルト・フジモリ元大統領は、在任中にペルー国内で起こった人権侵害および汚職に関与していたとして、現在ペルー司法当局から特別殺人、重度傷害、強制的失踪など20数件の容疑で訴えられている。具体的には、社交パーティーに武装した者が突入して銃を乱射し、15名を射殺、4名に重傷を負わせた1991年のバリオス・アルトス事件、大学に覆面した軍隊が押し入り、学生9名、教員1名を拉致・殺害した92年のラ・カントゥータ大学事件などに関与していたとされている。

　フジモリ氏は2000年に、政権腐敗への批判が高まったことにより、日本へ事実上亡命。ペルー政府は、日本に対してフジモリ氏の引渡しを請求したが、日本政府はフジモリ氏が日本国籍を持つことを理由に、引渡し請求に対しては応じられないとの立場を通してきた。その後、フジモリ氏は、05年11月に、大統領選挙出馬のためペルーへの帰国を予定してチリに出国したが、チリ警察当局によって拘束された。人権侵害の被害者家族は、フジモリ氏のペルーへの引渡しと訴追を求めている。

民衆法廷

　市民社会の意思によって、国際人道法や国際刑事法などの国際法に基づき、大規模な人権侵害、戦争犯罪を裁こうとする取組み。教育・訓練のために実施される模擬法廷とは根本的に性質が異なる。国内裁判所と異なり、その判決に強制力はないが、戦争犯罪や人権侵害などの重大な不正義を許さないという市民の意思表示として、重要な意義を持つとされる。

　民衆法廷の始まりは、1967年、アメリカのベトナム攻撃を裁いた「ラッセル法廷」であるとされる。この法廷は、哲学者ラッセルが提唱し、サルトル、ボーヴォワール、アインシュタ

インら世界の知識人が参加した。アメリカの北ベトナム爆撃は侵略であるとの判決を出し、世界のベトナム反戦運動に強い影響を与えた。

2000年に東京で開催された女性国際戦犯法廷は、日本をはじめアジア各国のNGOが共同で主催した民衆法廷である。第2次世界大戦中の日本軍性奴隷制（「慰安婦」制度）について、当時の国際法を適用し、昭和天皇をはじめ当時の軍・政府上層部10人の刑事責任を認定、さらに日本政府は戦時中と戦後の不法行為について被害者に対する賠償責任があるとの判決を出した。

その他、日本では、アメリカなどによるアフガニスタンやイラクへの武力行使について、アフガニスタン国際戦犯民衆法廷（2003年）とイラク国際戦犯民衆法廷（2004年）が、それぞれ開催されている。これらの民衆法廷では、上記の武力行使について、国際人道法に違反する戦争犯罪であるとして、アメリカやイギリス、日本など関係諸国の法的責任が問われた。

なお、アメリカ・イギリスらによるイラク攻撃については、その後2005年に、トルコでイラク世界民衆法廷が開かれている。

参考：阿部浩己『民衆法廷とは何か』

http://blog.livedoor.jp/vawwnetjapan/archives/cat_654145.html

名誉殺人

「名誉殺人」とは、ある人が、そのふるまいによって家名や地域社会の名誉を傷つけ、一族に恥をかかせた、として殺害される「慣行」である。とくに、パキスタン、バングラデシュ、イラク、ヨルダンなどいくつかの国では、毎年多くの女性たちが「名誉殺人」によって殺されている。

「名誉殺人」において女性たちは、不義・不貞があるとされるだけで、一族の名誉、とりわけ男性の名誉を耐えがたいほど傷つけたとみなされる。「不義・不貞」には、婚前交渉や婚外交渉（不倫）のほか、暴力をふるう夫から逃れるためにシェルターに駆け込んだり、離婚を申し立てることや、そのような行為を行なった"疑い"も含まれる。さらには、そうした不適切な性的関係が、たとえ強かんによるものだったとしても、被害者であるはずの女性が「社会の秩序を乱した」と責められ、殺される。

加害者の多くは女性の親族や夫などだが、警察も裁判所も「名誉殺人」の慣行を暗黙のうちに認めているため、彼らが起訴されることはほとんどなく、たとえ有罪になったとしても、軽い刑罰しか下されない。一方、名誉を傷つけたと訴えられた女性は、自らを弁明する機会も与えないまま、時には自分の母親や父親の手によって"始末"されるのである。

名誉殺人は家父長制度や男尊女卑思想を背景とする悪しき慣行であって、名誉殺人は罰しないという、文化的、社会的な背景に後押しされるかたちで温存されている。

アムネスティ・インターナショナル
人権を守るために活動する、国際的なNGO
www.amnesty.or.jp

　アムネスティ・インターナショナルは、世界人権宣言が守られ、一人ひとりの人権が尊重される社会の実現をめざし、国境を越えて活動する国際的なNGO（非政府組織）です。

特徴
◎世界150カ国に180万人以上の会員・支援者がいます。
◎人権侵害をしている政府や機関、あるいは「良心の囚人」*に対して一人ひとりが手紙を書くなど、誰もが普通に参加できる活動を国際世論の形成につなげていきます。
◎1977年にノーベル平和賞を受賞し、国連や欧州評議会との協議資格を持ちます。
◎国際事務局（ロンドン）の200人以上の専門スタッフが世界のあらゆる国・地域の人権状況を常にウォッチし、深刻な人権侵害が起きそうなときは早期に国際社会に警告を発し、予防のために素早く行動します。
◎虐殺や拷問が起きている現地で被害者の声を聞き、国際社会に対して実態を明らかにし、解決のための提言を実現するために動きます。
◎調査や活動の中立性を保つため、政治的・宗教的・財政的に不偏不党の立場を貫きます。
◎各国の人権状況を報告する年次報告書「アムネスティ・レポート」は、研究者、ジャーナリスト、政府関係者等から高い信頼を得ています。

＊「良心の囚人」とは……暴力を用いていないにもかかわらず、自らの信念、人種、宗教、肌の色などを理由に囚われの身となった人びとを、アムネスティは「良心の囚人」と呼び、その救済活動を行なっています。

あなたも、アムネスティの活動に参加し、支援してください。

アムネスティ・インターナショナル日本
東京事務所
〒101-0054 東京都千代田区神田錦町2-2 共同ビル（新錦町）4階
TEL. 03-3518-6777　FAX. 03-3518-6778
大阪事務所
〒552-0021 大阪府大阪市港区築港2-8-24 piaNPOビル509
TEL. 06-4395-1313　FAX. 06-4395-1314
E-mail　info@amnesty.or.jp

GENJINブックレット50
いま世界で何が起きているのか
私たちにできること

2006年2月10日　第1版第1刷発行

編　者	アムネスティ・インターナショナル日本
発行人	成澤壽信
編集人	西村吉世江
発行所	株式会社 現代人文社 東京都新宿区信濃町20 佐藤ビル201（〒160-0016） Tel.03-5379-0307（代） Fax.03-5379-5388 daihyo@genjin.jp（代表） hanbai@genjin.jp（販売） http://www.genjin.jp/
発売所	株式会社 大学図書
印刷所	株式会社 シナノ
デザイン	加藤英一郎

検印省略　Printed in JAPAN
ISBN4-87798-282-5 C3036
©2006 by Amunesty International Japan

本書の一部あるいは全部を無断で複写・転載・転訳載などをすること、または磁気媒体等に入力することは、法律で認められた場合を除き、著作者および出版者の権利の侵害となりますので、これらの行為を行う場合には、あらかじめ小社または編著者宛に承諾を求めてください。